Mjera Vjere

„Jer kroz blagodat koja je meni data kažem svakome koji je

među vama da ne mislite za sebe više nego što valja misliti;

nego da mislite u smjernosti,

kao što je kome Bog udjelio mjeru vjere."

(Poslanica Rimljanima 12:3)

Mjera Vjere

Dr. Džerok Li

Mjera Vjere od dr. Džerok Li

Izdaje Urim Books (Predstavnik: Kyungtae Noh)
73, Yeouidaebang-ro 22-gil, Dongjak-Gu, Seul, Koreja
www.urimbooks.com

Autorska prava © 2017 od strane dr. Džerok Li
ISBN: 979-11-263-0198-0 03230
Prevodilačka Autorska Prava © 2012, dr. Ester K. Čung (Dr. Esther K. Chung). Korišćeno uz dozvolu.

Prethodno objavila na korejskom jeziku Urim knjige u 2002.g.

Prvo izdanje, januar 2017

Uredio dr. Geumsun Vin
Dizajnirao Urednički biro Urim Books
Štampa Prione Printing
Za više informacija kontaktirati: urimbook@hotmail.com

Predgovor

U želji da svako od vas posjeduje vjeru u cjelokupnoj mjeri duha i uživa vječnu i nebesku slavu u Novom Jerusalimu u kome je tron Božji!

Zajedno sa nedavno objavljenom knjigom *Poruka sa Krsta, Mjera Vjere* je najbitniji i najvažniji pravac do dobrog Hrišćanskog života. Ja dajem svu zahvalnost i slavu Bogu Ocu koji je blagoslovio da ovaj važan rad bude objavljen i otkriva duhovno kraljevstvo nebrojenim ljudima.

Danas ima mnogo ljudi koji tvrde da vjeruju ali nisu sigurni u svoje spasenje. Oni ne znaju o mjeri vjere i koliko veliku vjeru treba da imaju da bi primili spasenje. Ljudi govore jedni o drugima: „Ovaj čovjek ima veliku vjeru," ili „Vjera ovog čovjeka je mala." Ipak, nije lako znati koliko od vaše vjere Bog stvarno prihvata ili izmjeriti koliko je velika vaša vjera ili koliko je porasla. Bog ne želi da imamo tjelesnu vjeru već duhovnu vjeru praćenu djelima. Za ljude se kaže da imaju tjelesnu vjeru ako samo čuju ili nauče Riječ Božju i onda je zapamte i smatraju znanjem. Mi ne možemo da imamo duhovnu vjeru sopstvenom voljom; to nam je dato samo od Boga.

Zbog toga nas Poslanica Rimljanima 12:3 upućuje: *„Jer kroz blagodat koja je meni data kažem svakome koji je među vama da ne mislite za sebe više nego što valja misliti; nego da mislite u smjernosti kao što je kome Bog udjelio mjeru vjere.“* Ovaj pasus nam govori da svaki pojedinac ima njegovu ili njenu duhovnu Bogom danu vjeru, i Njegovi odgovori i blagoslovi se razlikuju u odnosu na mjeru vjere svake osobe.

1. Poslanica Jovanova 2:12 i sledeći stihovi opisuju rast vjere svake osobe kao vjeru nezrelih/nesigurnih beba, djece, mladeži i očeva. U 1. Poslanici Korinćanima 15:41 čitamo: *„Druga je slava suncu, a druga slava mjesecu, i druga slava zvijezdama; jer se zvijezda od zvijezde razlikuje u slavi.“* Ovaj pasus nas podsjeća da su slava i mjesto nebeskog boravka svakog pojedinca različiti, u skladu sa mjerom njegove ili njene vjere. Važno je da se primi spasenje i da se ode u Raj, ali važnije je da znamo na koje mjesto boravka u Raju ćemo otići i kakve krune i nagrade ćemo primiti.

Bog ljubavi želi da Njegova djeca rastu do pune mjere vjere, raduje se njihovom ulasku u Novi Jerusalim u kojemu je Njegov tron i žudi da tamo živi sa njima zauvjek.

U skladu sa Božjim srcem i učenjem Riječi, *Mjera Vjere* objašnjava pet nivoa vjere i nebesko kraljevstvo, i pomaže čitaocu da odmeri nivo njegove ili njene sopstvene vjere. Mjera vjere i mjesta boravka u nebeskom kraljevstvu mogu biti podjeljeni na više od pet nivoa, ali ovo djelo ih obrađuje u pet nivoa kako bi pomoglo čitaocima da lakše razumiju. Nadam se da ćete napredovati ka Raju još energičnije upoređivanjem mjere vaše vjere sa mjerom predaka vjere u Bibliji.

Prije mnogo godina, molio sam se da dobijem razjašnjenje nekih stihova iz Biblije koje je bilo teško shvatiti. Onda jednog dana, Bog je počeo da mi objašnjava da je nebesko kraljevstvo podijeljeno i da se nebeska mjesta boravka data svakom od Njegove djece razlikuju u skladu sa mjerom njegove ili njene vjere.

Poslije toga, ja sam propovijedao o nebeskim mjestima i o mjeri vjere, pripremao ove poruke za štampu kako bih objavio ovo djelo. Zahvalio sam se Geumsun Vin, direktorki i mnogim savjesnim radnicima u ovoj izdavačkoj kući. Takođe se zahvaljujem prevodilačkom birou.

Neka svaki čitalac knjige *Mjera Vjere* dostigne potpunu mjeru vjere, vjeru cijelog duha i uživa vječnu slavu u Novom Jerusalimu u kome je tron Božji, molim se u ime našega Gospoda Isusa Hrista!

Džerok Li

Uvod

Nadam se da će ovo d jelo biti dragocijeni priručnik u odmjeravanju vjere svakog pojedinca i voditi nebrojene ljude do mjere vjere koja zadovoljava Boga...

Mjera Vjere obuhvata pet nivoa vjere, od duhovne mjere vjere nezrelih/nesigurnih beba koje su tek prihvatile Isusa Hrista i primile Sveti Duh, sve do mjere vjere očeva koji znaju Boga, Onog koji je od prije samog početka. Kroz ovo djelo, svako može dostići mjeru svoje sopstvene vjere.

Poglavlje 1: „Šta je vjera?" određuje vjeru i detaljno raspravlja o vrsti tipu koja zadovoljava Boga i vrstama pitanja i blagoslova koji prate vjeru prihvatljivu Bogu. Biblija razvrstava vjeru u dvije vrste: „tjelesna vjera" ili „vjera kao znanje," i „duhovna vjera." Ovo poglavlje nam govori kako da posjedujemo duhovnu vjeru i vodimo blagosloven život u Hristu.

Uglavnom bazirano na 1. Poslanici Jovanovoj 2:12-14, Drugo

poglavlje: „Rast duhovne vjere" opisuje proces rasta duhovne vjere upoređujući ga sa rastom ljudskog bića od nezrelih/nesigurnih beba, djece, mladeži, pa do očeva. Drugim riječima, nakon što osoba prihvati Isusa Hrista, ona raste duhovno u svojoj vjeri: od vjere bebe do vjere odraslog čovijeka.

U Poglavlju 3, „Mjera vjere svakog pojedinca," mjera vjere svakog pojedinca je objašnjena alegorijom o onome šta vjera slame, sijena, drveta, dragocijenog kamenja, srebra i zlata ostavlja za sobom poslije vatrenog suda. Bog želi da dostignemo vjeru zlata čija djela nikad ne sagore u bilo kojoj vatrenoj probi.

Poglavlje 4, „Vjera za dobijanje spasenja," objašnjava najmanju ili najnižu mjeru vjere – prvi od pet nivoa vjere. Sa ovom vrstom vjere, čovijek prima sramno spasenje. Ova mjera vjere se takođe zove „vjera nezrelih/nesigurnih beba" ili „vjera sjena." Kroz detaljne primjere, ovo poglavlja nas podstiče da brzo odrastemo u vjeri.

Poglavlje 5, „Vjera da pokušate da živite po Riječi," govori da se kaže da smo mi na drugom nivou vjere kada pokušavamo a ne možemo da se povinujemo Riječi, i imamo velikih poteškoća da ostanemo čvrsti u našoj vjeri u Gospoda na ovom stadijumu. Ovo Poglavlje nas takođe uči kako da unaprijedimo našu vjeru do trećeg nivoa vjere.

Poglavlje 6, „Vjera da živite po Riječi," obuhvata kratak proces u kojemu vjera počinje na prvom nivou, sazrijeva do drugog nivoa, pomjera se ka ranoj etapi trećeg nivoa i prerasta u kamen vjere na kojem ćete dostići više od 60% trećeg nivoa vjere. Ovo poglavlje takođe obrađuje razliku između ranog stadijuma trećeg nivoa i kamena vjere, zašto ne moramo da se osjećamo tegobno kada stojimo čvrsto na kamenu vjere i važnost borbe protiv grijehova sve do tačke prolivanja naše krvi.

Poglavlje 7, „Vjera da volimo Gospoda do najvećeg stepena," objašnjava variranje u razlikama između ljudi na trećem nivou vjere i ljudi na četvrtom nivou vjere kada je riječ o ljubavi prema Gospodu i ispituje vrste blagoslova koji su za one koji vole Gospoda do krajnjih granica.

Poglavlje 8, „Vjera da udovoljite Bogu," objašnjava kakav je peti nivo vjere. Ovo Poglavlje nam govori da mi, da bi dostigli peti nivo vjere, ne smijemo samo da se u potpunosti očistimo od grijehova kao Enoh, Ilija, Avram ili Mojsije, već da takođe budemo vjerni u čitavoj Božjoj kući tako što ćemo ispunjavati sve naše Bogom dane dužnosti. Uz to, moramo biti savršeni sve do tačke da se odreknemo i naših života za Gospoda i posjedujemo vjeru Hrista, vjeru cijelog duha. Konačno, ovo Poglavlje razrađuje vrste blagoslova koje možemo očekivati da uživamo kada zadovoljimo Boga na petom nivou vjere.

Sljedeće Poglavlje, „Znakovi prate one koji su vjerovali," govori nam da kada dostignemo savršenu vjeru, naša vjera će biti praćena čudesnim znakovima. Štaviše, zasnovano na Isusovom obećanju u Jevanđelju po Marku 16:17-18, ovo Poglavlje podrobno ispituje ove znakove jedan po jedan. U ovom Poglavlju, autor takođe ističe da propovijednik treba da prenese moćne poruke praćene čudesnim znakovima i potvrdi živog Boga ovim čudima kako bi dao snažnu vjeru nebrojanim ljudima, u vremenu u kome je svijet ispunjen grijehovima i poročnošću.

Na kraju, Poglavlje 10, „Različita mjesta boravka na Nebesima i nagrade," tvrdi da postoje brojna mjesta boravka u kraljevstvu Nebeskom, da svako može vjerom da uđe na bolje mjesto boravka, i da se slava i nagrade znatno razlikuju od jednog Nebeskog kraljevstva do drugog. Posebno, da bi pomogli čitaocima da idu ka boljem mjestu boravka sa nadom za Nebesima i vjerom, ovo poglavlje donosi zaključak sažetim opisivanjem ljepote i čuda Novog Jerusalima u kome je smješten tron Božji.

Ako shvatimo da postoje značajne razlike na nebeskim mjestima boravka i nagrada shodno sa mjerom vjere svakog pojedinca, stav osobe u životu u Hristu biće nesumnjivo i potpuno promjenjen.

Ja vjerujem da će svaki čitalac knjige *Mjera Vjere* posjedovati vrstu vjere koja zadovoljava Boga, dobiti sve što potraži, i mnogo Ga slaviti.

Geumsun Vin
Direktor Izdavačkog Biroa

Sadržaj

Poglavlje 3

{ Mjera vjere svakog pojedinca } • 39

1. Mjera vjere data od Boga
2. Različita mjera vjere svakog pojedinca
3. Mjera vjere iskušana vatrom

Poglavlje 4

{ Vjera za dobijanje spasenja } • 53

1. Prvi nivo vjere
2. Da li ste primili Svetog Duha?
3. Vjera razbojnika koji se pokajao
4. Ne guši Svetog Duha
5. Da li je Adam bio spašen?

Poglavlje 1

Šta je vjera?

„ *Vejra je, pak, tvrdo čekanje onog čemu se nadamo,*
i dokazivanje onog što ne vidimo.
Jer u njoj stari dobiše svjedočanstvo.
Vjerom poznajemo
da je svijet Riječju Božjom svršen,
da je sve što vidimo iz ništa
postalo. "
(Poslanica Jevrejima 11:1-3)

Mnogo puta u Bibliji nalazimo da se zapravo desilo ono čemu ne možemo da se nadamo, i da je izvedeno i ostvareno Božjom moći ono što je nemoguće snazi ljudskoj.

Mojsije je proveo Izraelce kroz Crveno more podijelivši ga na dva vodena zida, i oni su ga priješli kao da hodaju po suvoj zemlji. Džošua je uništio grad Jerihon tako što ga je hodajući obišao trinaest puta. Kroz Ilijinu molitvu, nebesa su dala kišu nakon tri i po godine suše. Petar je učinio da ustane i hoda čovjek koji je rođen hrom, dok je apostol Pavle podigao mladića koji je pao sa trećeg sprata i umro. Isus je hodao po vodi, smirio nemirne talase i vjetar, dao da slijepi progledaju, i oživio čovjeka koji je bio sahranjen u grobu četiri dana.

Moć vjere je neizmjerna i sve je moguće sa njom. Baš kao što nam Isus govori u Jevanđelju po Marku 9:23: *„Ako možeš vjerovati? Sve je moguće onome koji vjeruje,“* vi možete da dobijete sve što potražite ako je vaša vjera prihvatljiva Bogu.

Koju vrstu vjere, onda, Bog prihvata i kako da je dostignete?

1. Definicija vjere koju Bog prihvata

Mnogi ljudi danas tvrde da vjeruju u Svemogućeg Boga, ali ne dobijaju Njegove odgovore na njihove molitve zato što nemaju iskrenu vjeru. U Poslanici Jevrejima 11:6 čitamo: *„A bez* *vjere nije moguće ugoditi Bogu; jer onaj koji hoće da dođe k Bogu, valja da vjeruje da ima Bog i da plaća onima koji Ga traže.* " Bog nam izričito govori da mi treba da Mu udovoljimo iskrenom vjerom.

Ništa nije nemoguće ako imate savršenu vjeru zato što je vjera temelj dobrog Hrišćanskog života i ključ do Božjih odgovora i blagoslova. Ipak, ima mnogo ljudi koji ne mogu da uživaju u Njegovim blagoslovima i prime spasenje jer oni ne poznaju ili ne posjeduju iskrenu vjeru.

Vjera je suština stvari za koje se nadamo, dokaz stvari koje ne vidimo

Šta je, onda, vjera koju Bog prihvata? *Webster's New World College Dictionary* definiše „vjeru" kao „vjerovanje za koje se ne pita i ne traži se provjeravanje ili dokaz" ili „vjerovanje u Boga, religiozna načijela, itd koja se ne ispituju." Vjera je tučak na Grčkom, što znači „Biti odlučan ili vjeran." To je definisano u Poslanici Jevrejima 11:1 po slijedećem: „ *Vjera je suština stvari za koje se nadamo, dokaz stvari koje ne vidimo.* "

„Sigurnost za stvari za koje se nadamo" se odnosi na ono što se nadamo da će doći kao stvarnost zato što smo sigurni kao da se to već ostvarilo. Na primjer, šta bolesna osoba koja ima velike bolove želi najviše? Prirodno, njegova želja je da bude izliječen od bolesti i da povrati dobro zdravlje, i treba da ima dovoljno vjere da bude siguran u oporavak. Drugim riječima, dobro zdravlje postaje za njega stvarnost ako ima savršenu vjeru.

Dalje, „uvjerenje o stvarima koje nisu viđene" se odnosi na

elemente i suštinu onoga u šta smo duhovnom vjerom sigurni, čak i u stvarnosti gdje nije sve vidljivo za naše gole oči.

Stoga, vjera vam omogućava da vjerujete da Bog stvara sve stvari iz ničega. Praoci vjere su vjerom dobili „uvjerenje u ono čemu su se nadali" kao stvarnost, i „ubjeđenje u ono što nisu vidjeli" kao opipljive stvari ili događaje. Na taj način, oni su iskusili moć Božju koji stvara nešto iz ničega.

Na način na koji su praoci vjere radili, oni koji vjeruju da Bog stvara sve stvari iz ničega su u sposobni da vjeruju da je On na početku stvorio sve stvari nebeske i zemlju Njegovom Riječju. Istina je da niko nije bio očevidac Njegovom stvaranju nebesa i zemlje, zato što se to dogodilo prije nego što je stvoren čovjek. Ipak, ljudi sa vjerom nikad nisu sumnjali da je Bog stvorio stvari iz ničega zato što vjeruju.

Zato nas Poslanica Jevrejima 11:3 podsjeća: „*Vjerom poznajemo da je svijet Riječju Božjom svršen, da je sve što vidimo iz ništa postalo.*" Kada je Bog rekao: „*Neka bude svjetlost*" bila je svjetlost (Postanak 1:3). Kada je Bog rekao: „*Neka pusti zemlja iz sebe travu, bilje, što nosi sjeme, i drvo rodno, koje rađa rod po svojim vrstama, u kome će biti sjeme njegovo na zemlji*" sve je bilo kako je Bog zapovjedio (Postanak 1:11).

Sve stvari univerzuma viđene našim golim očima nisu napravljene od bilo kojih vidljivih materijala. Bez obzira na to, mnogo ljudi misli da su sve stvari stvorene od vidljivih stvari, ali ne vjeruju da ih je Bog stvorio iz ničega. Ti ljudi nikad nisu naučili, vidjeli ili čuli da nešto može biti stvoreno iz ničega.

Djela pokornosti su dokaz vjere

Kako bi se vi nadali nečemu što nije moguće i to ostvarili, morate da imate dokaz vjere koju Bog dozvoljava. Drugim riječima, morate da pokažete dokaz o pokoravanju Riječi Božjoj zbog vaše vjere u Njegovu Riječ. Poslanica Jevrejima 11:4-7 spominje pretke vjere koji su bili proglašeni ispravnima po vjeri zato što su imali i demonstrirali jasne dokaze svoje vjere: Avelj je bio pohvaljen kao ispravan čovjek zato što je ponudio Bogu žrtvu krvi koja je bila prihvatljiva za Boga; Enoh je bio pohvaljen kao čovjek koji je udovoljio Njemu time što je postao potpuno posvijećen; Noje je postao nasljednik pravjednosti time što je sagradio barku spasenja sa vjerom.

Razmotrimo priču o Kainu i Avelju u Postanku 4:1-15 kako bi razumijeli istinitu vjeru koja je prihvatljiva Bogu. Kajin i Avelj su bili sinovi koje su Adam i Eva izrodili na zemlji nakon što su istjerani iz Rajskog Vrta zbog njihove neposlušnosti prema Božjoj komandi: *„Ne jedi sa drveta poznanja dobra i zla“* (Postanak 2:17).

Adam i Eva su zažalili zbog svoje neposlušnosti zato što su nakon toga morali da osjete patnju napornog, znoja punog, rada i veliki bol prilikom porođaja na prokletoj zemlji. Adam i Eva su revnosno učili svoju djecu o važnosti poslušnosti. Oni su sigurno učili Kajina i Avelja da moraju živjeti po Riječi Božjoj, i naglašavali im da nikad ne budu nepokorni Njegovim zapovjestima.

Uz to, roditelji mora da su rekli svojoj djeci da treba da uzmu životinju i podnesu je kao žrtvu u krvi Bogu za oproštaj svojih grijehova. Tako su Kain i Avelj znali da treba Bogu da daju žrtvu u krvi za oproštaj svojih grijehova.

Nakon što je prošlo dugo vremena, Kain je iznevjerio Boga kao i njegova majka Eva koja nije poslušala Božju Riječ. On je bio farmer i prineo je žrtvu u žitu sa polja, onoliko koliko je on mislio da je dovoljno. Međutim, Avelj je bio pastir i on je prineo kao žrtvu prvorođeno iz svog stada i to u krupnim komadima, onako kako mu je prijeko roditelja Bog zapovjedio. Bog je prihvatio Aveljovu žrtvu ali ne i Kainovu koji nije poslušao njegovu zapovijest. Kao rezultat, Avelj je pohvaljen kao čestit čovjek (Poslanica Jevrejima 11:4). Ova priča o Kainu i Avelju nas uči da vam Bog vjeruje i cijeni vas onoliko koliko vi vjerujete Njegovoj Riječi i povinujete joj se, slučajevi Mojsija i Enoha takođe svjedoče o ovoj činjenici.

Dokaz vjere su djela povinovanja. Zato morate da zapamtite da vas Bog cijeni i odobrava vam kada vi Njemu pokažete dokaz svoje vjere tako što se svojim djelima povinujete Njegovoj Riječi u svako doba, i pokušavate da Mu se povinujete pod bilo kojim okolnostima.

Vjera donosi odgovore i blagoslove

Na ovaj način, vi treba da pratite Božju Riječ tako da počnete od „čemu se nadate" po vjeri i dostignete „srž onoga čemu se nadate." Ako ne slijedite Božji put, baš kao što je i Kain pošao stranputicom, po tlu po kome vam je put mučan ili teško podnošljiv, vi ne možete dobiti Božje odgovore i blagoslove po zakonu duhovnog carstva.

Poslanica Jevrejima 11:8-19 nam detaljno govori o Avramu koji je svoja djela povinovanja Riječi Božjoj pokazao kao dokaz svoje vjere. On je na Božju zapovjest napustio svoju zemlju sa vjerom. Čak i kad mu je Bog rekao da podnese kao žrtvu svog voljenog sina jedinca Isaka, koga mu je Bog podario u stotoj godini, Avram se odmah povinovao zato što je mislio da će Bog moći da iz mrtvih oživi njegovog sina. Njemu su dati veliki blagoslovi i odgovori Božji zato što su njegovu vjeru dokazala njegova djela povinovanja.

> *I anđeo GOSPODNJI opet viknu s neba Avrama. I reče: „Sobom se zakleh, veli GOSPOD, kad si tako učinio, i nisi požalio sina svog, jedinca svog, Zaista ću te blagosloviti i sjeme tvoje veoma umnožiti, da ga bude kao zvijezda na nebu i kao pijeska na brijegu morskom; i naslijediće sjeme tvoje vrata neprijatelja svojih. I blagosloviće se u sjemenu tvom svi narodi na zemlji, kad si poslušao glas moj"* (Postanak 22:15-18).

Uz to, u Postanku 24:1 mi nalazimo da: *„A Avram bješe star i vremenit; i GOSPOD bješe blagoslovio Avrama u svemu."* Jakovljeva Poslanica 2:23 nas takođe podsjeća: *„I izvrši se pismo koje govori: „Avram vjerova Bogu, i primi mu se u pravdu, i prijatelj Božji nazva se.""*

Povrh toga, Avram je bio veoma blagosloven na svaki način zato što je vjerovao Bogu koji kontroliše se stvari vezane za život i smrt, blagoslove i kletve, i sve je posvetio Njemu. Na isti način, vi ćete biti u stanju da uživate Božje blagoslove u svim prilikama i primite odgovore na šta god da pitate, kada razumijete pravu definiciju vjere i djelima potpune pokornosti pokažete dokaze svoje vjere, kao što je i Avram učinio toliko mnogo puta.

2. Moć vjere ne zna za granicu

Vi možete biti bližnji sa Bogom po vjeri zato što je vjera kao prva kapija duhovnog carstva u četvorodimenzionalnom svijetu. Samo kad prođete kroz prvu kapiju vaše duhovne uši će se otvoriti tako da vi možete čuti Riječ Božju, a vaše duhovne oči će se otvoriti tako da možete da vidite duhovno carstvo.

Kao rezultat, vi ćete živjeti po Riječi Božjoj, primiti šta god zatražite sa vjerom i živjeti radosno sa nadom za Nebesko carstvo. Šta više, kada je vaše srce ispunjeno radošću i zahvalnošću i kada nada za Nebesa sasvim ispuni vaš život, vi ćete iznad svega voljeti Boga i udovoljavati Mu.

Onda, ovozemaljski sijvet neće više biti dostojan vas i vaše vjere zato što nećete postati samo svjedok Božji snagom koju vam daje Sveti Duh, nego ćete takođe biti vjerni do smrtnog časa i voljeti Boga svim svojim životom kao što je to činio apostol Pavle.

Ovozemaljski svijet nije dostojan snage vjere

U opisivanju snage vjere, Poslanica Jevrejima 11:32-38 ilustruje vjeru praotaca:

> *I šta ću još da kažem? Jer mi ne bi dostalo vremena kad bih stao pripovjedati o Gedeonu, i o Varaku i Samsonu i Jeftaju, o Davidu i Samuilu, i o drugim prorocima koji vjerom pobjediše carstva, učiniše pravdu, dobiše obećanja, zatvoriše usta lavovima, ugasiše silu ognjenu, pobjegoše od oštrica mača,*

ojačaše od nemoći, postaše jaki u bitkama, rasteraše vojske tuđe. Žene primiše svoje mrtve iz vaskrsenja; a drugi biše pobijeni, ne primivši izbavljenje, da dobiju bolje vaskrsenje; a drugi ruganje i boj podnesoše, pa još i okove i tamnice. Kamenjem pobijeni biše, pretrveni biše, iskušani biše, od mača pomriješe; idoše u kožusima i u kozjim kožama, u sirotinji, u nevolji, u sramoti (kojih ne bješe dostojan svijet), po pustinjama potucaše se, i po gorama i po pećinama i po rupama zemaljskim.

Ljudi, čije vjere nije dostojan sijvet, mogu se odreći ne samo svojih ovozemaljskih počasti i bogatstva, nego i svojih života. Kao što i u 1. Jovanovoj Poslanici 4:18 čitamo: „*U ljubavi nema straha, nego savršena ljubav izgoni strah napolje; jer strah ima muku. A ko se boji nije savršen u ljubavi,*" strah će vas napustiti shodno mjeri vaše ljubavi.

Šta je nemoguće sa ljudskom snagom postaje moguće Božjom silom. Jedan od Njegovih proroka Ilija, svjedoči o živom Bogu tako što donosi vatru Nebesku. Jelisije je spasio svoju zemlju saznavši, inspirisan Svetim Duhom, gdje je bio lociran neprijateljski tabor. Danilo je preživeo u jazbini gladnih lavova.

U Novom Zavjetu, postoje mnogo ljudi koji su se odrekli svojih života za jevanđelje Gospodovo. Jakov, jedan od dvanajest učenika našeg Gospoda Isusa, postao je među njima prvi mučenik pošto je ubijen mačem. Petar, glavni učenik Isusa Hrista, bio je razapet naglavačke. U njegovoj velikoj ljubavi za Gospoda, apostol Pavle je bio radostan i zahvalan Bogu čak i u zatvorskoj ćeliji iako je bio mnogo puta prebijan i na ivici smrti.

On je, na kraju, obezglavljen i postao je veliki mučenik za Gospoda.

Pored toga, nebrojene hrišćane su proždrli lavovi u Rimskom Koloseumu ili su morali da žive u katakombama bez da do smrti vide sunčevu svjetlost zbog žestokog progona od strane Rimskog carstva. Apostol Pavle je držao post svojoj vjeri pod svim okolnostima i nadvladao svijet sa velikom vjerom. On je mogao ovo da posvjedoči: *„Ko će nas rastaviti od ljubavi Hristove? Nevolja li ili tuga, ili gonjenje, ili glad ili golotinja, ili strah, ili mač?"* (Poslanica Rimljanima 8:35)

Vjera daje odgovore na sve probleme

U Jevanđelju po Marku bio je jedan događaj u kome je Isus videvši vjeru paralizovanog i njegovih prijatelja, rekao: *„Sinko, opraštaju ti se grijesi tvoji"* (stih 5) i paralizovani bješe izlječen na licu mjesta. Kad su ljudi čuli da je Isus u Kapernaumu, mnogi su se okupili, i nije više bilo mjesta, čak ni napolje. Paralitičar, koga su nosila četiri prijatelja, nije mogao da sretne Isusa zbog gužve, tako da su njegovi prijatelji napravili rupu na krovu iznad Isusa i onda su, pošto su je prokopali, kroz nju spustili podmetač na kome je ležao njihov paralizovani prijatelj. Isus je smatrao njihovu aktivnost kao dokaz vjere i oprostio paralitiku njegove grijehove, govoreći: *„Sinko, opraštaju ti se grijesi tvoji"* (stih 5).

Ipak, neki učitelji zakona koji su sedeli tamo bili su sumnjičavi i mislili su u sebi: *„Zašto ovaj čovjek tako priča? On je bezbožnik! Ko može opraštati grijehe osim samog Boga?"*

(stih 7) Isus im je rekao:

I odmah razumjevši Isus duhom svojim da oni tako pomišljaju u sebi, reče im: „Što tako pomišljate u srcima svojim? Šta je lakše, reći uzetome: „Opraštaju ti se grijesi," ili reći: „Ustani i uzmi odar svoj, i hodi?"" (Stihovi. 8-9)

Tada je Isus zapovjedio paralitiku: „*Tebi govorim, ustani i uzmi odar svoj, i idi doma*" (stih 11). Čovjek koji je bio paralizovan je ustao, uzeo svoju prostirku, i izašao iz kuće na očigled svih ljudi u i oko kuće. Oni su bili zadivljeni i slavili su Boga, govoreći: „*Nikada nismo vidjeli tako nešto*" (stih 12).

Ova priča nam govori da svi problemi u našim životima mogu biti riješeni kada su nam sa vjerom oprošteni naši grijehovi. Ovo je zato što je prije oko dvije hiljade godina, Isus naš Spasitelj otvorio put spasenja iskupivši nas od svih vrsta problema u životu kao što su grijeh, smrt, nemaština, bolesti i drugo (Za više o ovome pogledajte knjigu Poruka sa Krsta).

Vi možete dobiti sve što tražite ako su vam oprošteni grijehovi što niste živeli po Riječi Božjoj. On vam obećava u 1. Poslanica Jovanova 3:21-22: „*Ljubazni, ako nam srce naše ne zazire, slobodu imamo pred Bogom; i šta god zaištemo, primićemo od Njega, jer zapovesti Njegove držimo i činimo šta je Njemu ugodno.*" Na taj način, ljudi koji nemaju zid grijehova pred Bogom mogu hrabro da Ga zamole i dobiju sve za šta su molili.

Zato je u Jevanđelju po Mateju 6 Isus istakao da ne treba da brinete o tome šta ćete obući, šta ćete jesti i gdje ćete živjeti, več da umjesto toga prvo težite ispravnosti Božjoj i Njegovom kraljevstvu:

Zato vam kažem: ne brinite se za život svoj, šta ćete jesti, ili šta ćete piti; ni za tijelo svoje, u šta ćete se obući. Nije li život pretežniji od hrane, i tijelo od odela? Pogledajte na ptice nebeske kako ne siju, niti žnju, ni sabiraju u žitnice; pa Otac vaš nebeski hrani ih. Niste li vi mnogo pretežniji od njih? A ko od vas brinući se može dodati životu svom sat jedan? I za odjelo što se brinete? Pogledajte na ljiljane u polju kako rastu; ne trude se niti predu; ali Ja vam kažem da ni Solomun u svoj svojoj slavi ne obuče se kao jedan od njih. A kad travu u polju, koja danas jeste, a sutra se u peć baca, Bog tako odeva, a kamoli vas? Maloverni! Ne brinite se dakle govoreći: Šta ćemo jesti, ili, šta ćemo piti, ili, čim ćemo se odenuti? Jer sve ovo neznabošci ištu; a zna i Otac vaš nebeski da vama treba sve ovo. Nego ištite najprije carstvo Božje, i pravdu Njegovu, i ovo će vam se sve dodati (Jevanđelje po Mateju 6:25-33).

Ako vi iskreno vjerujete u Riječ Božju, vi ćete prvo težiti Njegovom kraljevstvu i Njegovoj pravednosti. Božja obećanja su vjerodostojna kao ovjereni čekovi, i On prema Svom obećanju dodaje sve stvari koje vam trebaju, tako da nećete samo imati spasenje i vječni život već ćete takođe napredovati u svemu što činite u ovom životu.

Vjera kontroliše čak i prirodne fenomene

Kroz Jevanđelje po Mateju 8:23-27 učimo o moći vjere koja vas štiti od bilo kakvog opasnog vremena i klime, i omogućava vam da ih kontrolišete. Sve stvari su zaista moguće sa vjerom.

> *I kad On uđe u lađu, za Njim uđoše učenici Njegovi. I gle, oluja velika postade na moru da se lađa pokri valovima; a Isus On spavaše. I prikučivši se učenici Njegovi probudiše Ga govoreći: „Gospode! Izbavi nas, izgibosmo!" I reče im: „Zašto ste strašljivi, maloverni?" Tada ustavši zapreti vjetrovima i moru, i postade tišina velika. A ljudi čudiše se govoreći: „Ko je Ovaj da Ga slušaju i vjetrovi i more?"*

Ova priča nam govori da ne treba da se plašimo ni jedne pobijesnele oluje ili talasa već da čak možemo da kontrolišemo ovakve fenomene samo ako imamo vjeru. Ako smo na putu da iskusimo moćnu snagu vjere koja može da kontroliše vrijeme i klimu, mi moramo da dostignemo potpunu sigurnost vjere kao što je ona u Isusa, sa kojom su sve stvari moguće. Zato nas Poslanica Jevrejima 10:22 podsjeća: „*Da pristupamo s istinim srcem u punoj veri, očišćeni u srcima od zle savjesti, i umiveni po telu vodom čistom.*"

Biblija nam govori da možemo da dobijemo odgovore na sve ono što pitamo i da možemo da učinimo veće stvari nego Isus što je činio ako imamo potpunu sigurnost vjere.

> *Zaista, zaista vam kažem: koji vjeruje u Mene, djela*

*koja Ja tvorim i on će tvoriti, i veća će od ovih tvoriti;
jer Ja idem k Ocu Svom. I šta god zaištete u Oca u ime
Moje, ono ću vam učiniti, da se proslavi Otac u Sinu*
(Jevanđelje po Jovanu 14:12-13).

Dakle, vi morate da razumijete da je moć vjere veoma velika i
dostiže vrstu vjere koju Bog traži i sa kojom je On zadovoljan.
Samo tada vi ćete ne samo dobiti odgovore za sve što ste tražili
već ćete uraditi još i veće stvari od Isusa.

3. Tjelesna vjera i duhovna vjera

Kada je Isus sa vjerom rekao kapetanu koji Mu je došao:
„Kako si vjerovao neka ti bude, " kapetanov sluga je odmah bio
iscjeljen (Jevanđelje po Mateju 8:13). Na ovaj način, iskrenu
vjeru prirodno prate Božji odgovori. Zašto je onda to tako da
mnogi ljudi ne mogu dobiti odgovore na njihovu molitvu čak
iako tvrde da vjeruju u Gospoda?

To je zato što postoji duhovna vjera sa kojom možete imati
bliskost sa Bogom i dobiti Njegove odgovore, i tjelesna vjera sa
kojom ne možete dobiti ni jedan odgovor jer nema ništa sa
Njim. Onda, dozvolite nam da razmotrimo razliku između ovih
dviju vjera.

Tjelesna vjera je vejra kao znanje

„Tjelesna vjera" se odnosi na vrstu vjere sa kojom vjerujete u
nešto jer to možete da vidite očima i to se podudara sa vašim

znanjem ili zdravim razumom. Ova vrsta vjere se često naziva „vjera kao znanje" ili „vjera prijatna sa razlogom."

Na primjer, oni koji ne samo da su vidjeli proces proizvodnje drvenog stola već su i čuli o tome, svakako će vjerovati kada drugi kažu: „Sto je napravljen od drveta." Svako može imati ovu vrstu vjere zato što vjeruje da je nešto napravljeno od nečega. Naime, ljudi uvijek misle da su vidljive stvari potrebne da se napravi nešto drugo.

Ljudi ulažu i skladište znanje u sistem memorije njihovih mozgova od momenta kada su rođeni. Oni memorišu ono što vide, ono šta čuju i ono što nauče od njihovih roditelja, rođaka, komšija, ili u školi, i upotrebljavaju znanje memorisano u mozgu onda kada im je potrebno.

Među uskladištenim znanjem ima mnogo neistina koje su protiv Riječi Božje. Njegova Riječ je istina koja se nikada ne mijenja, ali većina vašeg znanja je neistina koja se mijenja kako vrijeme prolazi. Međutim, ljudi uvažavaju neistinu kao istinu zato što ne znaju šta zapravo istina jeste. Na primjer, ljudi teoriju o evoluciji smatraju istinom zato što su tako naučili u školi. Otuda, oni ne vjeruju da nešto može biti stvoreno od ničega.

Tjelesna vjera je mrtva vjera bez djela

Kao prvo, ljudi sa tjelesnom vjerom ne mogu da prihvate da je Bog stvorio nešto od ničega čak iako posjećuju crkvu i slušaju Riječ Božju, zato što je znanje koje su prikupili od rođenja suprotno Njegovoj Riječi. Oni ne vjeruju u čuda koja su zapisana u Bibliji. Oni vjeruju u Riječ Božju kada su ispunjeni Svetim Duhom i milošću, ali počinju da sumnjaju kada izgube tu milost.

Oni čak počinju da misle da su odgovori koje su dobili od Boga bili slučajni.

Prema tome, ljudi sa tjelesnom vjerom imaju sukobe u svojim srcima, i ne ispovjedaju se iz dubine svojih srca, čak iako usnama tvrde da vjeruju. Oni nisu ni bliski sa Bogom, niti ih On voli zato što oni ne žive po Njegovoj Riječi.

Evo jednog primjera. Uopšteno, ispravno je da se osvetimo neprijatelju, ali Biblija nas uči da moramo voljeti naše neprijatelje i da im okrenemo i lijevi obraz kada nas neko udari po desnom obrazu. Osoba sa tjelesnom vjerom mora da uzvrati da bi bila zadovoljna kada je neko ošamari. Pošto je ovako živio cijeli svoj život, za njega je mnogo lakše da mrzi, zavidi, ili da bude ljubomoran na druge. Takođe, teško mu je da živi po Riječi Božjoj i on ne može da živi u zahvalnosti i radosti zato što se to ne slaže sa njegovim mislima.

Baš kao što nailazimo u Poslanici Jakovljevoj 2:26: „*Jer, kao što je tijelo bez duha mrtvo, tako je i vjera bez dobrih djela mrtva,*" tjelesna vjera je mrtva bez djela. Ljudi sa tjelesnom vjerom ne mogu da dobiju ni spasenje ni Božje odgovore. U ovome Isus nam govori: „*Neće svaki koji Mi govori: „Gospode! Gospode!" Ući u carstvo nebesko; no koji čini po volji Oca mog koji je na nebesima*" (Jevanđelje po Mateju 7:21).

Bog prihvata duhovnu vjeru

Duhovna vjera se daje kad vjerujete, čak iako ne možete da vidite ništa golim očima ili se nešto ne slaže sa vašim znanjem ili mislima. To je da vjerujete da je Bog stvorio nešto od ničega.

Ljudi sa duhovnom vjerom vjeruju bez sumnji da je Bog

stvorio nebesa i zemlju Njegovom Riječju, i da je napravio čovjeka od prašine zemaljske. Duhovna vjera nije nešto što ne možete imati zato što to želite; to samo Bog daje. Ljudi koji posjeduju duhovnu vjeru bez sumnje vjeruju u čuda zapisana u Bibliji, tako da im nije teško da žive po Riječi Božjoj i dobijaju odgovore na sve što pitaju sa vjerom.

Bog prihvata duhovnu vjeru praćenu djelima i time vi možete biti spašeni, otići u Raj i dobiti odgovore na vašu molitvu.

Duhovna vjera je „Živa vjera" praćena djelima

Kada imate duhovnu vjeru, Bog vas prihvata i obezbeđuje vam život sa Njegovim odgovorima i blagoslovima. Na primjer, pretpostavimo da imamo dva farmera koji rade na posjedu njihovog gazde. U istim uslovima, jedan ubire pet džakova pirinča a drugi tri džaka. Sa kojim od ova dva farmera bi gazda bio zadovoljniji? Prirodno, farmer sa pet džakova pirinča je više omiljeniji i prijatniji gazdi.

Dva farmera su imala različite berbe na istoj zemlji shodno njihovom trudu. Farmer koji je ubrao pet džakova plevio je marljivo i zalivao rod učestalo uz mnogo znoja. Suprotno tome, drugi farmer nije mogao da ubere više od tri džaka pirinča zato što je bio lijenj i mnogo je zanemario svoj posao.

Bog sudi svakoj pojedinoj osobi shodno plodovima njenog rada. Samo kada dijelima pokažete vašu vjeru, On će to smatrati duhovnom vjerom i blagosloviće vas.

U noći kada je Isus bio uhapšen, jedan od Njegovih učenika Petar Mu kaže: *„Ako se i svi sablazne o tebe ja se neću nikad sablazniti"* (Jevanđelje po Mateju 26:33). Međutim, Isus je odgovorio: *„Zaista ti kažem: noćas dok petao ne zapjeva tri puta ćeš me se odreći"* (stih 34). Petar se ispovjedio cijelim svojim srcem, ali Isus je znao da će Ga Petar izdati kada mu život bude u opasnosti.

Petar tada još nije bio primio Svetog Duha, a zaista je izdao Isusa tri puta kada je njegov život bio u opasnosti nakon Isusovog hapšenja. Međutim, Petar se potpuno preobratio kada je primio Svetog Duha. Njegova vjera kao znanje promjenila se u duhovnu vjeru, i on je postao apostol sa moći da hrabro propovijeda jevanđelje. On je pošao putem pravednosti sve dok nije bio razapet naglavačke.

Dakle, vi ste sposobni da vjerujete i pokorite se Bogu u svakoj situaciji kada imate duhovnu vjeru. Da bi posjedovali duhovnu vjeru, morate se truditi da se potpuno povinujete Riječi Božjoj i steći nepokolebljivo srce. Kroz živu duhovnu vjeru praćenu djelima, vi možete da dobijete spasenje i vječni život, biti promjenjeni u čovjeka savršene istine, i uživati u prelijepim blagoslovima u duhu i tijelu.

Međutim, sa mrtvom tjelesnom vjerom bez djela, vi ne možete dobiti ni spasenje ni odgovore od Boga bez obzira koliko uporno pokušavate i koliko dugo možda posjećujete crkvu.

4. Da dostignete duhovnu vjeru

Kako možete da promjenite vašu tjelesnu vjeru u duhovnu vjeru i ostvarite „ono čemu ste se nadali" i da od „onog što nije viđeno" napravite vidljivi dokaz? Šta morate da uradite da bi posjedovali vjeru?

Odbaciti tjelesnu misao i teoriju

Većina vašeg znanja koje ste dobili od rođenja spriječava vas da dostignete duhovnu vjeru zato što je protivno Riječi Božjoj. Na primjer, teorija poput one o evoluciji poriče Božje stvaranje univerzuma. Kao ishod, privrženi evoluciji ne mogu vjerovati da je Bog stvorio nešto od ničega. Kako oni mogu da vjeruju: *„U početku stvori Bog nebo i zemlju"* (Knjiga Postanka 1:1)?

Dakle, da bi posjedovali duhovnu vjeru, morate da uništite svaku vašu misao koja je protivna Riječi Božjoj i sve teorije, kao što je ova o evoluciji, koja vas spriječava da vjerujete Njegovoj Riječi u Bibliji. Ukoliko se ne otarasite vaših misli i teorije koji su protiv Njegove Riječi, vi ne možete vjerovati u Riječ Božju zapisanu u Bibliji ma koliko da revnosno pokušavate da vjerujete u to.

Šta više, bez obzira koliko marljivo idete u crkvu i prisustvujete službama, vi ne možete da imate duhovnu vjeru. Zbog toga je mnogo ljudi mnogo daleko od puta spasenja i ne dobijaju Božje odgovore na njihove molitve čak iako redovno posjećuju crkve.

Apostol Pavle je imao samo tjelesnu vjeru prije nego što je sreo Gospoda Isusa u viziji na putu ka gradu Damasku. On nije prepoznao Isusa kao Spasitelja svih ljudi već je umjesto toga zatvarao i progonio mnoge hrišćane.

Zato treba da otklonite svaku vašu misao i teoriju koja je protiv Riječi Božje kako bi preobratili vašu tjelesnu vjeru u duhovnu. Prijeko apostola Pavla, Bog nas podsjeća na sljedeće:

Jer oružje našeg vojevanja nije tjelesno, nego silno od

Boga na raskopavanje gradova. Mi kvarimo pomisli i svaku visinu koja se podiže na poznanje Božije, i robimo svaki razum za pokornost Hristu, i u pripravnosti imamo osvetu za svaku nepokornost, kad se izvrši vaša pokornost (2. Korinćanima Poslanica 10:4-6).

Pavle je mogao da postane dobar propovijednik jevanđelja tek pošto je dobio duhovnu vjeru time što je uništio svaku pomisao, teoriju i argument koji je bio protiv Boga. On je preuzeo vođstvo u evangelizaciji nejevreja i postao kamen temeljac svjetske misije. Na kraju, Pavle je mogao da iznese i takvo odlučno priznanje kao što slijedi:

No šta mi bješe dobitak ono primih za štetu Hrista radi. Jer sve držim za štetu prema prevažnom poznanju Hrista Isusa Gospoda svog, kog radi sve ostavih, i držim sve da su trice, samo da Hrista dobijem, i da se nađem u Njemu, ne imajući svoje pravde koja je od zakona, nego koja je od vjere Isusa Hrista, pravdu koja je od Boga u vjeri (Poslanica Filipljanima 3:7-9).

Revnosno učiti Riječ Božju

Poslanica Rimljanima 10:17 nas uči: „*Tako, dakle, vjera biva od propovijedanja, a propovijedanje riječju Hristovom.*" Vi morate da slušate Riječ Božju i naučite je; ako ne poznajete Božju Riječ, ne možete živjeti po njoj. Ako ne činite po Riječi Božjoj nego je čuvate samo kao znanje, On ne može da vam da duhovnu vjeru zato što možete da postanete ponosni na vaše znanje.

Pretpostavimo da postoji djevojka koja se nada da postane slavna pijanistkinja. Bez obzira koliko puta da čita udžbenike i uči teorije, ona ne može da postane velika pijanistkinja bez vježbanja. Iz istog razloga, ukoliko se ne povinujete Riječi Božjoj, nema koristi od toga koliko je naporno čitate, slušate ili učite. Vi možete imati duhovnu vjeru samo činite po Riječi Božjoj.

Povinovati se Riječi Božjoj

Zato morate vjerovati u živog Boga i održavati Njegovu Riječ pod svim okolnostima. Ako vjerujete u Njegovu Riječ bez ijedne sumnje pošto je saslušate, vi ćete se i povinovati. Kao rezultat, vi možete imati sigurnost u srcu zato što je Božja Riječ u stvarnosti ispunjena. Nakon toga, vi ćete težiti da živite nadalje po Riječi Božjoj.

Kroz ponavljanje ovog procesa, možete da dobijete vjeru koja vam omogućava potpuno povinovanje Riječi, i Njegova milost i snaga će doći do vas. Vi ćete biti ispunjeni Svetim Duhom i sve će vam ići dobro.

U vrijeme Izlaska, bilo je najmanje šest stotina hiljada izraelskih muškaraca starih dvadeset godina ili više. Na kraju, pak, samo dvojica od njih-Džošua i Kaleb-su mogli da uđu u Obećanu zemlju Hanansku. Osim ove dvojice, niko drugi nije iz srca vjerovao obećanju Božjem i povinovao Mu se.

U Brojevima 14:11, Gospod govori Mojsiju: *„Dokle će Me vrijeđati taj narod? I koliko dugo oni neće verovati u Mene, uprkos svim znakovima koje sam Ja učinio među njima? "*

Oni su dobro znali za Boga, zato što su bili svjedoci Njegove moći koja je donijela Deset Pomora Egiptu i razdvojio Crveno more na dva dijela, oni su takođe mislili da su Mu vjerovali. Oni su iskusili Božje upravljanje i prisustvo kroz stub vatre noću i stub oblaka danju, i jeli su manu koja je svakog dana dolazila odozgo.

Bez obzira na to, kada im je Bog zapovjedio da uđu u zemlju Hanansku, oni Mu se nisu povinovali jer su se bojali Hanajaca. Umjesto toga, oni su se žalili i protivili se Mojsiju i Aronu. To je bilo zato što nisu imali duhovnu vjeru da se povinuju Bogu premda su imali tjelesnu vjeru nakon što su mnogo puta videli i čuli čudesna djela Božje moći.

Da bi dobili duhovnu vjeru, vi treba da vjerujete Bogu i povinujete se Njegovoj Riječi u svako doba. Ako Ga iskreno volite, vi ćete Mu se povinovati, a on će zauzvrat odgovoriti vašoj molitvi i na kraju vas odvesti u vječni život.

Poslanica Rimljanima 10:9-10 nas podsjeća: „*Jer, ako priznaješ ustima svojim da je Isus Gospod, i vjeruješ u srcu svom da Ga Bog podiže iz mrtvih, bićeš spasen; jer se srcem veruje za pravdu, a ustima se priznaje za spasenje.* “

„Da vjerujete u svojim srcima“ se ne odnosi na vjeru kao znanje, već na duhovnu vjeru sa kojom vjerujete u nešto bez sumnji u vašem srcu. Oni koji vjeruju u Riječ Božju u svojim srcima, povinuju se, postaju pravični i postepeno sliče Gospodu. Njihova ispovjest: „Ja vjerujem u Gospoda,“ je istinita i oni dobijaju spasenje.

Da i vi posjedujete duhovnu vjeru praćenu djelima da se povinujete Riječi Božjoj, ja se molim u ime Gospoda! Onda Mu možete udovoljiti i uživati u životu ispunjenom Njegovom moći kroz koju su sve stvari moguće.

Poglavlje 2

Rast duhovne vjere

˷

„Pišem vam, dječice,

da vam se opraštaju grijesi

imena Njegovog radi.

Pišem vam, oci,

jer poznaste Onog koji je bio od početka.

Pišem vam, mladići,

jer nadvladaste nečastivog.

Pišem vam, djeco,

jer poznaste Oca.

Pisah vam, oci,

jer poznaste Onog koji je bio od početka.

Pisah vam, mladići,

jer ste jaki,

i Riječ Božja u vama stoji,

i nadvladaste nečastivog. "

(1. Poslanica Jovanova 2:12-14)

˷

Možete da uživate u pravednosti i blagoslovima kao dijete Božje ako imate duhovnu vjeru. Ne samo da ćete dobiti spasenje i otići u Raj, već ćete dobiti odgovore na sve što pitate. Uz to, ako imate Bogo-zadovoljavajuću vjeru povinovanjem Njegovoj Riječi, sve stvari su vjerom moguće za vas.

Zato nam Isus govori u Jevanđelju po Marku 16:17-18: *„A znaci onima koji vjeruju biće ovi: imenom Mojim izgoniće đavole; govoriće novim jezicima; uzimaće zmije u ruke, ako i smrtno šta popiju, neće im nauditi; na bolesnike metaće ruke, i ozdravljaće.“*

Malo sjeme gorčice izrasta u veliko drvo

Isus je rekao Svojim učenicima da imaju malo vjere kada je vidio da ne mogu da istjeraju demone i dodao da je sve moguće čak i sa vjerom toliko malom poput sjemena gorčice. On u Jevanđelju po Mateju 17:20 kaže: *„Za nevjerstvo vaše. Jer vam kažem zaista: ako imate vjere koliko zrno gorušičino, reći ćete gori ovoj: „Pređi odavde tamo,“ i preći će, i ništa neće vam biti nemoguće.“*

Sjeme gorčice je toliko malo kao tačka koju ste obilježili hemijskom olovkom na komadu papira. Ipak, sa vjerom toliko malom, možete da pomjerite planinu sa jednog mjesta na drugo i sve stvari su vam moguće.

Da li imate vjeru toliko malu kao sjeme gorčice? Da li se

planina pomjera sa jednog mjesta na drugo vašom komandom? Jesu li ove stvari moguće za vas? Pošto vam je nemoguće da shvatite šta ovaj pasus znači bez potpunog razumijevanja njegovog duhovnog značenja, dozvolite nam da se udubimo u njega sa alegorijom o sjemenu gorčice koju nam je Isus dao:

> *Carstvo je nebesko kao zrno gorušičino koje uzme čovjek i posije na njivi svojoj; Koje je istina najmanje od sviju semena, ali kad uzraste, veće je od svega povrća, i bude drvo da ptice nebeske dolaze, i sjedaju na njegovim granama* (Jevanđelje po Mateju 13:31-32).

Sjeme gorčice je manje od bilo kog drugog sjemena, ali kada raste i izraste u veliko drvo, mnoge ptice dolaze i sjede na njegovim granama. Isus je upotrebio alegoriju o sjemenu gorčice kako bi nas naučio da možemo pomjeriti planinu odavde do tamo i da su sve stvari moguće ako vaša mala vjera sazri. Isusovi učenici je trebalo da imaju veliku vjeru sa kojom je sve moguće zato što su bili sa Njim dugo vremena i iz prve ruke su vidjeli mnoga divna Božja djela. Međutim, zato što nisu imali veliku vjeru, Isus im je to prebacivao.

Potpuna mjera vjere

Jednom kada primite Svetog Duha i dostignete duhovnu vjeru, vaša vjera treba da odraste sve do potpune mjere koja čini sve stvari mogućim. Bog želi da vi dobijete odgovore na sve što pitate time što ćete uvećavati vašu vjeru.

Poslanica Efežanima 4:13-15 nas podsjeća na: *„Dokle dostignemo svi u jedinstvo vjere i poznanje Sina Božijeg, u* *čovjeka savršenog, u mjeru rasta visine Hristove. Da ne budemo više mala djeca, koju ljulja i zanosi svaki vjetar nauke, u laži čovječijoj, putem prevare; nego vladajući se po istini u ljubavi da u svemu uzrastemo u Onome koji je glava, Hristos."*

Prirodno je da ako je beba rođena, njeno rođenje evidentiraju vlasti, i ona raste da postane dijete, a potom i mladić. U dogledno vrijeme se ženi, rađa djecu i postaje otac.

Na isti način, ako vi postanete dijete Božje kroz Isusa Hrista a vaše ime zapišu u Knjigu Života u Nebeskom kraljevstvu, vaša vjera treba da raste svaki dan da dostigne vjeru djece, mladića a onda i očeva.

Zbog toga nas 1. Korinćanima 3:2-3 uči da: *„Mlijekom vas napojih a ne jelom, jer još ne mogaste. Ni sad još ne možete, jer ste još tjelesni. Jer gde su među vama zavisti i svađe i nesloge, niste li tjelesni, i ne živite li po čovjeku?"*

Baš kao što i novorođenče mora da pije mlijeko da bi živjelo, duhovna beba mora da pije duhovno mlijeko da bi raslo. Kako, onda, duhovna beba može da raste da postane otac?

1. Vjera nezrelih/nesigurnih beba

U 1. Poslanica Jovanova 2:12 čitamo: *„Pišem vam, dječice, da vam se opraštaju grijesi imena Njegovog radi."* Ovaj stih nam govori da će onome ko nije poznavao Boga biti oprošteni grijehovi kada prihvati Isusa Hrista, i dobije pravo da postane dijete Božje kroz Sveti Duh koji dolazi da boravi u njegovom srcu (Jevanđelje po Jovanu 1:12).

Nema ništa nego ime Isusa Hrista pomoću koga može da vam

bude oprošteno i da primite spasenje. Međutim, ovozemaljski ljudi smatraju Hrišćanstvo kao vrstu religije koja je dobra za mentalni napredak i postavljaju provokativno pitanje: „Zašto govorite da možemo biti spašeni samo kroz Isusa Hrista?"

Zašto, onda, Isus Hrist jeste naš jedini Spasitelj? Ljudska bića ne mogu biti spašena drugim imenom osim Isus Hrist, i mogu im biti oprošteni grijehovi kroz krv Isusovu koji je umro na krstu.

Apostolska Djela 4:12 svjedoče: *„Jer nema drugog imena pod nebom danog ljudima kojim bi se mi mogli spasti,"* a u Djelima Apostolskim 10:43 čitamo: *„Za ovo svjedoče svi proroci da će imenom Njegovim primiti oproštenje grijeha svi koji Ga vjeruju."* Dakle, to je proviđenje i volja Božja da su ljudi spašeni kroz Isusa Hrista.

Kroz istoriju čovječanstva, postojali su takozvani „veliki" ili „veličanstveni" ljudi kao što su Sokrat, Konfučije, Buda, i slični. Iz Božje perspektive, međutim, oni su bili ništa više nego obična bića i griješnici jer su svi ljudi rođeni sa originalnim grijehom nasleđenim od Adama, koji je počinio grijeh neposlušnosti, i od njihovih očeva.

Ipak, Isus je imao duhovnu moć i prigodne kvalifikacije da postane Spasitelj ljudske rase. On nije imao praroditeljski grijeh zato što Ga je začeo Sveti Duh. On takođe nije lično počinio grijehove tokom Njegovog života. Na taj način, On je imao snagu da spasi ljudstvo zato što je On bio nevin i imao je veliku ljubav da žrtvuje čak i Svoj život za griješnike.

Zato, ako vjerujete da je Isus Hrist jedini pravi put spasenja i prihvatite Ga kao svog Spasitelja, vama će biti oprošteni svi grijehovi, primićete Svetog Duha kao dar od Boga, i bićete označeni kao Njegovo dijete.

Vjera razbojnika sa jedne Isusove strane

Kada je Isus bio obješen na krstu da preuzme grijehove čovječanstva, jedan od dva razbojnika sa jedne strane Isusove pokajao se od svojih grijehova i prihvatio Ga kao svog Spasitelja neposredno prije smrti. Kao ishod, on je bio označen kao dijete Božje i ušao je u Raj. Svi oni koji su rođeni ponovo prihvatanjem Isusa Hrista, Bog naziva: „Moja mala djeco!"

Neki ljudi će prigovarati: „Razbojnik je prihvatio Isusa kao svog Spasitelja i bio je spašen neposredno prije smrti. Ja ću uživati u svijetu onoliko koliko želim i prihvatiću Isusa Hrista kao mog Spasitelja baš prije nego što umrijem. I ja ću ipak otići u Raj!" Takva ideja je, međutim, apsolutno pogriješna.

Kako je razbojnik mogao da prihvati Isusa, koga su ismijevali zli ljudi i koji je umirao na krstu? Razbojnik je već mislio da bi Isus mogao da bude Mesija dok je slušao Njegove poruke. On je priznao svoju vjeru u Isusa i prihvatio Ga kao Spasitelja kada je bio obješen na krst pokraj Njega. Na taj način, on je primio spasenje i dostigao pravo da uđe u Raj.

Isto tako, svako dostiže pravo da postane dijete Božje kada prihvati Isusa kao svog Spasitelja i primi Svetog Duha. Zato ga Bog zove: „Moje malo dijete." Na primjer, kada se beba rodi, njeno rođenje se registruje i ona postaje građanin zemlje u kojoj je rođena. Na isti način, vi možete dobiti nebesko pravo građanstva i biti priznati kao dijete Božje ako je vaše ime registrovano u Knjizi Života.

Tako se vjera nezrelih/nesigurnih beba odnosi na vjeru ljudi koji su tek prihvatili Isusa Hrista, kojima su oprošteni grijehovi i postali su djeca Božja pošto su njihova imena upisana u Knjigu Života u Raju.

2. Vjera djece

Ljudi koji su prihvatanjem Isusa Hrista i dostizanjem duhovnog života, rođeni ponovo kao djeca Božja sazrijevaju u svojoj vjeri i dobijaju vjeru djeteta. Kada se beba rodi i odvoji se od majke, može da prepozna roditelje i razlikuje određene elemente, okolinu i ljude.

Ipak, djeca malo znaju i moraju da budu pod zaštitom svojih roditelja. Ako ih pitaju da li znaju ko su njihovi roditelji, vjerovatno će reći: „Da." Međutim, ako ih pitaju o mjestu rođenja njihovih roditelja ili o porodičnom poreklu, neće moći da odgovore. Dakle, djeca ne poznaju do detalja svoje roditelje, čak iako će možda reći: „Ja poznajem moju majku i oca."

Ako roditelji kupe igračke svom djetetu, to dijete može da kaže da li je to igračka auto ili lutka, ali neće znati kako je taj auto napravljen ili kako je ta lutka kupljena. Prema tome, djeca znaju neke dijelove stvari koje mogu vidjeti svojim očima, ali ne razumiju detalje stvari koje ne mogu videti.

Duhovno, djeca imaju vjeru početnika da poznaju Boga Oca, oni uživaju milost u vjeri nakon što prihvate Isusa Hrista i prime Svetog Duha. 1. Poslanica Jovanova 2:13 kaže: „*Pišem vam, djeco, jer poznaste Oca.*" Ovde „poznaste Oca" ukazuje da su ljudi sa vjerom djece prihvatili Isusa Hrista i naučili Riječ Božju posjećivanjem crkve.

Baš kao što beba na početku zna malo ali kako raste može da prepozna svog oca i majku, novi vjernici takođe postepeno razumiju želju i srce Gospoda Oca kako posjećuju crkvu i slušaju Njegovu Riječ. Opet, oni još nisu sposobni da se povinuju Njegovoj Riječi zato što nemaju dovoljno vjere.

Zato je vjera djeteta vjera ljudi koji znaju istinu time što su je slušali, i ponekad se povinuju Riječi a ponekad i ne. Ovaj nivo vjere još nije savršen.

Onaj koji Boga zove „Oče"?

Ako neko nije prihvatio Isusa Hrista ali priznaje: „Znam Boga," on laže. Međutim, ima onih koji kažu: „Ja ne posjećujem crkvu, ali znam Boga." To su oni koji su pročitali Bibliju jednom ili dva puta, ranije posjećivali crkvu, ili su čuli za Boga tu i tamo. Ipak, da li oni zaista znaju Boga Stvoritelja?

Ako oni stvarno poznaju Boga, oni treba da razumiju zašto je Isus jedan i jedini Sin Božji, zašto je Bog Njega poslao na ovaj svijet, i zašto je Bog stavio drvo poznanja dobra i zla u Rajskom Vrtu. Oni moraju takođe da znaju o postojanju Raja i Pakla, i kako mogu biti spašeni i ući u Raj.

Šta više, ako oni iskreno razumiju ove činjenice, neće biti ni jednog koji će odbijati da ide u crkvu i živi po Riječi Božjoj. Ipak, oni ne posjećuju crkvu ili zovu Boga „Oče" zato što niti vjeruju u Boga niti Ga poznaju.

Na isti način, neki svjetovni ljudi koji ne vjeruju u Boga mogu da kažu da Ga poznaju, ali to nije istina. Oni ne mogu da priznaju Boga ili da Ga zovu „Oče" zato što ne znaju Isusa Hrista i ne žive po Njegovoj Riječi (Jevanđelje po Jovanu 8:19).

Ljudi različito zovu Boga

Vjernici zovu istog Boga različito shodno sa mjerom njihove vjere. Ni jedan Ga ne zove „Bog Otac" prije nego što prihvati Isusa Hrista kao Spasitelja. Sasvim je prirodno da Ga ne zove

„Oče" zato što još nije ponovo rođen.

Kako novi vjernici zovu Boga? Oni su pomalo stidljivi i jednostavno ga zovu „Bože." Oni ne mogu umiljato da Ga zovu „Bože moj Oče" i umjesto toga se osjećaju nelagodno ili neprijatno jer Mu oni nisu služili kao svom Ocu.

Međutim, ime kojim vjernici zovu Boga se mijenja kako njihova vjera raste do vjere djece. Oni ga zovu „Oče" kada imaju vjeru djece, baš kao što djeca veselo zovu svoje očeve „Tatice." Naravno, nije pogriješno da ga jednostavno zovu „Bože" ili „Bože Oče." Oni će početi da ga zovu „Oče Bože" umjesto „Bože Oče" ako njihova vjera više sazri. Šta više, oni Ga samo zovu „Oče" kada se mole Bogu.

Šta mislite ko će da zvuči umiljatije i prisnije Bogu: onaj koji Ga zove „Bože" ili onaj koji Ga zove „Oče"? Koliko će zadovoljan Bog biti kada ga zovete „Moj Oče" iz dubine svog srca!

Poslovice 8:17 nam govori: *„Ja ljubim one koji mene ljube, i koji me dobro traže nalaze me."* Što više volite Boga, više će i On voljeti vas. Što Ga više tražite, lakše ćete dobiti Njegove odgovore.

U stvari, vi ćete živjeti u Raju zauvjek nazivajući Boga „Oče" kao Njegovo dijete, tako da i vama odgovara da imate blizak i doličan odnos sa Bogom i u ovom životu. Zato morate da izvršite svoj zadatak kao dijete Božje i potpunim povinovanjem Njegovim zapovjestima pokažete dokaz da Ga volite.

3. Vjera mladeži

Baš kao što dijete raste da postane jaka i pronicljiva mlada osoba, vjera djece odrasta i postaje vjera omladinaca. To jest, nakon faze duhovnog djetinjstva u vjeri, kroz molitvu i Riječ Božju, nivo ljudske vjere raste da postane vjera duhovne omladine koja može da kaže šta su volja Boga Oca i grijeh.

Omladina je snažna i hrabra

Ima nekoliko djeteta koja poznaju dobro zakon države. Oni treba da su pod zaštitom svojih roditelja, i čak iako počine zločin, njihovi roditelji su odgovorni za to zato što nisu svoju djecu dobro vaspitali. Djeca ne znaju tačno šta je grijeh, šta je pravednost, a šta je srce roditelja zato što su još u procesu učenja.

Šta je sa omladinom? Oni su jaki, vrlo temperamentni i skloni da počine grijehove. Oni su željni da vide, uče i iskuse sve, i skloni su da imitiraju druge. Skloni su radoznalosti u svakom obliku, tvrdoglavi i ubjeđeni da ne postoji ništa što ne mogu da urade.

Na isti način, duhovna omladina ne teži ka ovozemaljskim stvarima, već se umjesto toga ispunjenošću Svetim Duhom nadaju za Raj, i pobjeđuju grijehove Božjom Riječju zato što imaju jaku vjeru. Oni vode trijumfalne živote pod svim okolnostima, prevazilazeći svijet i đavola sa nepopustljivom hrabrošću zato što Riječ živi u njima.

Prevazići i vladati nad đavolom

Kako, onda, omladina sa jakom i snažnom vjerom prevazilazi griješan svijet i đavola? Oni koji prihvate Isusa Hrista dobijaju pravo da postanu djeca Božja i u vjeri trijumfalno pobjede one zle. Đavo, iako je jak, ne usuđuje se da učini nešto pred djecom Božjom. Tako, u 1. Jovanovoj Poslanici 2:13 nalazimo: *„Pišem* *vam, mladići, jer nadvladaste nečastivog. "*

Vi možete nadjačati đavola kada živite u istini zato što Riječ Božja treba da ostane u vama. Baš kao i što ljudi ne mogu da se pridržavaju zakona ako ga ne poznaju, vi ne možete živjeti po Riječi Božjoj bez da je poznajete.

Zato morate da držite Njegovu Riječ u vašim srcima i živite po njoj tako što ćete odbaciti sve vrste grijeha. Na taj način, ljudi sa vjerom omladine mogu da prevaziđu svijet sa Riječju Božijom. Zbog toga u 1. Jovanovoj Poslanici 2:14 čitamo: *,,Pisah vam, mladići, jer ste jaki, i Riječ Božija u vama stoji, i nadvladaste nečastivog. "*

4. Vjera očeva

Kada omladinci sa jakim i nepopustljivim duhom porastu i postanu odrasli, oni će biti u stanju da procjene i razumiju svaku situaciju i, nakon mnogo iskustva, dostići će mudrost da budu dovoljno promišljeni da se ponize kada je to potrebno. Ljudi sa vjerom očeva znaju porjeklo Oca do detalja i razumiju Njegovo proviđenje zato što imaju potpunu duhovnu vjeru.

Ko zna porjeklo Boga?

Očevi su različiti od omladine po mnogim aspektima. Omladina je nezrela zato što im nedostaje iskustvo, čak iako su naučili mnogo stvari. Prema tome, ima mnogo situacija i događaja koje mladi ljudi ne razumiju, dok očevi shvataju mnoge elemente dobro zbog toga što su iskusili razne aspekte života.

Očevi takođe razumiju zašto roditelji žele da imaju djecu,

koliko bolno jeste rađanje djeteta i koliko teško je podizanje djece. Oni znaju o svojim porodicama: odakle su njihovi roditelji došli, kako su se upoznali i oženili i tome slično.

Postoji Korejska poslovica, koja kaže: „Samo kada rodite vašu sopstvenu djecu, vi iskreno možete razumijeti srce vaših roditelja." Slično, samo ljudi sa vjerom očeva mogu da potpuno razumiju srce Boga Oca. O takvim zrelim hrišćanima, 1. Poslanica Jovanova 2:13 kaže: *„Pišem vam, oci, jer poznaste Onog koji je bio od početka. "*

Nadalje, oni koji imaju vjeru očeva postaju primjer mnogima i obuhvataju sve vrste ljudi zato što su skromni i sposobni da stoje čvrsto na istini bez odstupanja od nje.

Ako ćemo vjeru očeva da uporedimo sa sezonom žetve, vjera omladine može biti upoređena sa nezrelim voćem. Ljudi sa vjerom omladine su upoređeni sa nezrelim plodovima jer oni su skloni insistiranju na sopstvenim mislima i teoriji.

Ipak, na način na koji je Isus pokazao primjer služenja time što je prao Njegovim učenicima noge, duhovni očevi, za razliku od omladine, beru zrelo voće djelovanja i daju slavu Bogu sa tim plodovima djelovanja.

Imati srce Isusa Hrista

Bog želi da Njegova djeca steknu srce Boga, koji je od početka, i od Isusa Hrista, koji je Sebe pokorio i bio poslušan sve do tačke smrti (Poslanica Filipljanima 2:5-8). Iz ovog razloga, Bog iskušava Svoju djecu, i kroz ova iskušavanja njihova vjera sazrijeva i oni stiču istrajnost i nadu. Na ovaj način, njihova vjera prerasta do nivoa očeva.

U Jevanđelju po Luki 17 Isus uči svoje učenike alegorijom o slugi. Sluga je radio na polju cijelog dana i vratio se kući u sumrak, ali tamo nije bilo nikoga da mu kaže: „Odličan posao! Odmori se i večeraj." Umjesto toga, sluga je morao da spremi večeru za svog gospodara i čeka ga; samo poslije toga sluga je mogao da i sam večera. Pored toga, niko mu nije rekao: „Hvala ti mnogo na tvom napornom radu," premda je uradio sve kako mu je gospodar zapovjedio. Sluga je samo rekao: „Ja sam bezvredan sluga; Ja sam uradio ono što je trebalo da uradim."

Na isti način, vi treba da budete skroman i poslušan čovjek, koji kaže: „Ja sam jedan bezvrijedan sluga; uradio sam samo svoju dužnost," čak i pošto ste uradili sve što vam je Bog zapovjedio da uradite. Ljudi sa vjerom očeva znaju dubinu i visinu srca Božjeg koji je od početka, i takođe imaju srce Isusa Hrista koji se ponizio i napravio Sebe ništavnim i postao pokoran do tačke smrti. Dakle, Bog prepoznaje i visoko uvažava takve pojedince i oni će sijati u Raju kao sunce.

Baš kao što i malo sjeme gorčice raste i postaje veliko drvo na kome mnoge ptice borave, duhovna vjera raste od mjere nezrelih/nesigurnih beba do mjere djece, omladine i očeva. Koliko čudesno blagosloveni vi jeste kada znate Onog koji je od početka, imate dovoljno vjere da razumijete Njegovu visinu i dubinu, i sposobni ste da pazite na mnogo duša koje lutaju na način na koji je Isus radio.

Da imate srce Gospodnje ispunjeno velikodušnošću i ljubavlju, da posjedujete vjeru očeva, obilato rađate plodove, i sijate kao sunce u Raju od sad pa zauvjek, ja se molim u ime našeg Gospoda!

Poglavlje 3

Mjera vjere svakog pojedinca

„Jer kroz blagodat koja je meni data
Ja kažem svakome koji je među vama
da ne mislite za sebe više
nego što valja misliti;
nego da mislite u smjernosti
kao što je kome Bog udjelio mjeru vjere.“
(Poslanica Rimljanima 12:3)

Bog vam dozvoljava da žanjete onako kako ste posijali i nagrađuje vas shodno sa time šta ste uradili zato što je On pravedan. U Jevanđelju po Mateju 7:7-8 Isus nam govori: *„Ištite, i daće vam se; tražite, i naći ćete; kucajte, i otvoriće vam se. Jer svaki koji ište, prima; i koji traži, nalazi; i koji kuca, otvoriće mu se.“*

Vi dobijate blagoslove i odgovore na vašu molitvu ne zbog tjelesne vjere već zbog duhovne vjere. Vi možete da dobijete tjelesnu vjeru kada slušate Riječ Božju i naučite je. Duhovna vjera, pak, nije slobodno data; možete da je dobijete samo kada vam je Bog da.

Otuda nam se u Poslanici Rimljanima 12:3 ukazuje: *„Nego da mislite u smjernosti kao što je kome Bog udjelio mjeru vjere.“* Duhovna vjera svakog pojedinca data od Boga se razlikuje jedna od druge. Takođe, kao što nailazimo u 1. Korinćanima 15:41: *„Druga je slava suncu, a druga slava mjesecu, i druga slava zvijezdama; jer se zvijezda od zvijezde razlikuje u slavi“* nebeska mjesta boravišta i slava kojima je nagrađen svaki pojedinac su različiti shodno sa mjerom njegove vjere.

1. Mjera vjere data od Boga

„Mjera“ je težina, zapremina, količina ili veličina nekog

predmeta. Bog mjeri vjeru svakog pojedinca i daje osobi odgovore shodno sa mjerom njegove ili njene vjere.

Uopšteno, ljudi sa velikom vjerom mogu da dobiju odgovore samo ako žude za njima u njihovim srcima, dok neki drugi dobijaju odgovore samo ako se revnosno mole i poste jedan dan, dok neki drugi sa malo vjere dobijaju odgovore kada se mole mjesecima ili godinama. Ako bi mogli da „zaslužite" duhovnu vjeru po želji, svako bi dobio odgovore i blagoslove koje želi. Svijet bi postao mnogo konfuzno i neuredno mjesto za život.

Pretpostavimo da postoji čovjek koji ne živi po Riječi Božjoj. Ako čovjek zatraži: „Bože, molim te dozvoli mi da postanem direktor veoma poznatog biznis konglomerata u ovoj zemlji!" ili „Ja mrzim ovog čovjeka. Molim te kazni ga," i njegovim molitvama i željama bude udovoljeno, kakav bi svijet onda bio?

Duhovna vjera i pokornost

Kako možete da imate duhovnu vjeru? Bog ne daje svima duhovnu vjeru, već samo onima koji se kvalifikuju povinovanjem Njegovoj Riječi. Prema tome, vi možete da dobijete duhovnu vjeru onoliko koliko u sebi odbacite neistinu kao što je mržnja, svađa, zavist, preljubništvo i slično, i volite čak i svoje neprijatelje.

U Bibliji, Isus je neke pohvalio, govoreći: „Vaša vjera je velika!" ali prekorio je druge, govoreći: „Vi imate malo vjere!"

Na primjer, u Jevanđelju po Mateju 15:21-28 neka Hanajka je došla kod Isusa i tražila da izliječi njenu demonom posednutu ćerku. Ona je uzviknula: *„Pomiluj me, Gospode, Sine Davidov! Moja kćer je strašno opsednuta đavolom"* (stih 22).

Međutim Isus je hteo da iskuša njenu vjeru, i odgovorio je:

„Ja sam poslan samo k izgubljenim ovcama doma Izrailjevog" (stih 24). Žena je kleknula ispred Isusa. *„Gospode pomozi mi!"* rekla je (stih 25). Isus je odbio ponovo, govoreći: *„Nije dobro uzeti od djece hleb i baciti psima"* (stih 26). On je ovo rekao zato što su Jevreji Njegovog vremena smatrali nejevreje psima, a žena je bila nejevrejka iz oblasti zvane Tir.

U ovoj situaciji, mnogi bi se ljudi osetili posramljeno, obeshrabreno ili uvrijeđeno i lako bi odustali od pokušaja da dobiju odgovore. Ipak, žena nije bila razočarana i ponizno je prihvatila šta joj je Isus rekao. Ona se spustila toliko nisko i ponizno kao pas, i neprestano molila za Njegovu milost: *„Da, Gospode, ali i psi jedu od mrva što padaju s trpeze njihovih gospodara"* (stih 27). Na ovo je Isus bio zadovoljan njenom vjerom i odgovorio joj: *„O ženo! Velika je vjera tvoja; neka ti bude kako hoćeš, "* i njena ćerka je odmah izliječena (stih 28).

Mi takođe vidimo kako Isus kori svoje učenike zbog njihove male vjere u Jevanđelju po Mateju 17:14-20. Čovjek je doveo svog sina koji je silno patio od epilepsije kod Isusovih učenika, ali oni nisu mogli da izliječe dijete. Nako toga, čovjek je doneo svoga sina kod Isusa, i On je otjerao demone iz dječaka odmah i izliječio ga. Nakon što je Isus izliječio dijete, Njegovi učenici su došli i pitali Ga: *„Zašto ga mi ne mogasmo izgnati?"* (stih 19) On je odgovorio: *„Za nevjerstvo vaše"* (stih 20).

U nastavku, Isus je prekorio Petra u Jevanđelju po Mateju 14:22-33. Jedne noći, Njegovi učenici su bili na brodu u sred razbjesnelih udarnih talasa, a Isus im je prišao hodajući po vodi. Oni su bili prestravljeni kada su Ga prvi put vidjeli da hoda po moru, i vrištali su od straha: *„To je utvara!"* (stih 26) Isus im je odmah rekao: *„Ne bojte se; Ja sam, ne plašite se"* (stih 27).

Petar se osmjelio i odgovorio: *„Gospode! Ako si Ti, reci mi da dođem k Tebi po vodi"* (stih 28). Onda mu je Isus rekao: *„Hodi"* kao što je Petar želeo da čuje. Petar je iskoračio sa broda, hodao po vodi, i krenuo ka Isusu. Ipak, kada je vidio vjetar, Petra je obuzeo strah i kako je počeo da tone, on je uzviknuo: *„Gospode, pomagaj!"* (stih 30) Isus je odmah ispružio Svoje ruke i uhvatio Petra, i prekorio Svoje učenike: *„Malovjerni! Zašto ste posumnjali?"* (stih 31)

Petar je bio prekoren zbog malo vjere u to vrijeme, ali nakon što je primio Svetog Duha i moć Božju, on je izveo mnogobrojna čuda u ime Gospodnje, i sa njegovom velikom vjerom bio je raspet naglavačke za Gospoda.

2. Različita mjera vjere svakog pojedinca

Ima mnogo alegorija u Bibliji koje objašnjavaju mjeru vjere. 1. Poslanica Jovanova 2 objašnjava mjeru vjere upoređujući je sa rastom čovjeka, a Jezekilj 47:3-5 objašnjava mjeru vjere upoređujući je sa dubinom vode:

I kad čovjek iziđe na istok s mjerom u ruci, izmjeri hiljadu lakata, i prevede me prijeko vode, i voda bješe do gležanja. Potom opet izmjeri hiljadu lakata, i prevede me prijeko vode, a voda bješe do koljena. Opet izmjeri hiljadu lakata, i prevede me, a voda bješe do pojasa. I opet izmjeri hiljadu lakata; i posta rijeka, koje ne mogoh prjeći, jer voda ustade da trebaše plivati, posta rijeka koja se ne može pregaziti.

Knjiga o Jezekilju je jedna od pet Velikih Knjiga Proročanstva u Starom Zavjetu. Bog je dozvolio Proroku Jezekilju da zapiše proročanstva kada je južno Kraljevstvo Judejaca bilo uništeno od strane Vavilona i mnogi su jevreji uzeti kao ratni zarobljenici. Od Jezekilja 40 pa nadalje, je opisan hram koga je Jezekelj video u viziji.

U Jezekelju 47 prorok piše o viziji u kojoj je vidio vodu kako izvire ispod praga hrama okrenutog prema istoku. Voda je dolazila dole ispod južne strane hrama, južno od oltara. Onda je voda izašla kroz sjevernu kapiju, i tekla van okolo svjetilišta do spoljne kapije okrenute prema istoku.

„Voda" ovde duhovno simbolizuje Riječ Božju (Jevanđelje po Jovanu 4:14), a činjenica da voda ide kroz i okolo unutrašnjosti hrama, i onda otiče van hrama ukazuje da se Riječ Božja propovijeda ne samo unutar hrama već i prema svijetu.

Šta je Jezekelj mislio pod ovime „čovjek je izmjerio hiljadu lakata," idući prema istoku sa konopcem za mjerenje u ruci? Ovo se odnosi na Gospodovo odmjeravanje vjere svakog pojedinca i tačan sud o njemu shodno mjeri njegove vjere na dan Strašnog Suda.

„Čovjek sa konopcem za mjerenje u ruci" se odnosi na slugu Gospodnjej, a „imati konopac" znači da Gospod mjeri vjeru svakog pojedinca precizno bez pravljenja griješki. Otuda, mijenjanje dubine vode metaforično označava različite nivoe mjere vjere.

Shodno sa dubinom vode

„Voda do gležnjeva" označava vjeru duhovne djece/nesigurnih

beba, mjeru vjere koja vam omogućava da jedva primite spasenje. Kada se mjera vjere uporedi sa čovječijom visinom, ovaj nivo vjere je toliko veliki kolika je visina njegovog zgloba. Sljedeće, „voda duboka do koljena" se odnosi na vjeru djece, a „voda duboka do pojasa" označava vjeru omladine. Najzad, „voda duboka da se može plivati u njoj" odnosi se na vjeru očeva.

Na ovaj način, na Sudnji dan Gospod će izmjeriti vjeru svakog pojedinca i odrediti mjesto boravišta na nebesima svake osobe onako kako on živi po Riječi Božjoj u ovom životu.

„Da izmjerite hiljadu lakata" ukazuje na Božje veliko srce, Njegovu preciznost bez najmanje griješke i dubine Njegovog srca koje sve uzima u obzir. Bog mjeri vjeru svakog pojedinca ne samo iz jedne perspektive, već iz svih uglova. Bog pretražuje svako naše djelo i centar naših srca tako tačno da niko neće osjećati da je pogriješno stavljen na odgovornost.

Tako Bog pretražuje sve Njegovim blještećim očima, i čini da svaki pojedinac žanje ono što sije i nagrađuje ga shodno onome šta je uradio. Zbog toga Poslanica Rimljanima 12:3 kaže: „*Jer kroz blagodat koja je meni data kažem svakome koji je među vama da ne mislite za sebe više nego što valja misliti; nego da mislite u smjernosti kao što je kome Bog udjelio mjeru vjere.* "

Mislite mudro shodno sa mjerom vaše vjere

Jeste drugačije, a i osjećaj je drukčiji hodati u do zgloba dubokoj vodi od hodanja u vodi dubokoj do pojasa. Kada ste u vodi do zgloba dubokoj, možete da pomislite da hodate i trčite zato što tu ne možete plivati. Međutim, ako ste u vodi do pojasa, vi ćete radije plivati nego hodati.

Slično, oni sa vjerom djece razmišljaju različito od onih sa vjerom očeva baš kao što su i čovjekove misli drugačije u promenljivoj dubini vode. Dakle, odgovarajuće je da mislite mudro u saglasnosti sa mjerom vaše vjere.

Avram je dobio Isaka kao obećanog sina nakon što je Bog prepoznao njegovu vjeru. Jednog dana, Bog je zapovjedio Avramu da daruje svog jedinog sina Isaka kao ognjenu žrtvu. Šta je Avram mislio o zapovjesti Božjoj? On nikada nije mislio u boli: „Zašto mi je Bog zapovjedio da darujem Isaka kao ognjenu žrtvu uprkos činjenici da mi ga je On dao kao obećanog sina? Da li On krši Svoje obećanje?"

Poslanica Jevrejima 11 nas podsjeća da je Avram mislio mudro o Božjoj komandi: „On nikada ne laže, tako da će On dići mog sina iz mrtvih." Avram nije o sebi mislio uzvišenije nego što jeste, već je radije mislio o sebi shodno sa mjerom vjere koju mu je Bog dao.

Avram se nije žalio niti je mumlao, već se povinovao Bogu poniznog srca. Kao ishod, Bog ga je više cijenio i volio, i postao je praotac vjere.

Vi morate da razumijete da je Avram samo kroz ozbiljno i teško iskušenje bio proglašen čovjekom sa duhovnom vjerom i poveden ka putu blagoslova. Vi možete da dobijete Božju ljubav i blagoslove ako prođete vatrena iskušenja misleći mudro o sebi u skladu sa mjerom vaše sopstvene vjere.

3. Mjera vjere iskušana vatrom

1. Korinćanima Poslanica 3:12-15 govori nam da Bog testira

vjeru svakog pojedinca vatrom i mjeri djela koja ostaju kasnije:

Ako li ko zida na ovom temelju, zlato, srebro, drago kamenje, drva, sijeno, slamu, svakog će djelo izaći na vidjelo; jer će dan pokazati, jer će se ognjem otkriti, i svako djelo pokazaće oganj kao što jeste. I ako ostane čije djelo što je nazidao, primiće platu. A čije djelo izgori, otići će u štetu; a sam će se spasti tako kao kroz oganj.

„Temelj" se ovde odnosi na Isusa Hrista, a „djelo" se odnosi na ono što je učinjeno svesrdnim trudom. Ako neko vjeruje u Isusa Hrista, njegovo djelo će biti otkriveno onakvo kakvo je „jer će dan pokazati."

Kada je djelo pokazano?

Prvo, djelo svakog pojedinca će biti pokazano kada se njegova dužnost završi. Ako mu se dužnost daje godišnje, njegovo djelo će biti otkriveno na kraju svake godine.

Drugo, Bog testira djelo svakog pojedinca kada sud vatrom dođe do njega. Neki ljudi su mirni i ne mijenjaju se čak i kad se suoče sa ozbiljnim iskušenjima i brigama kao što je vatra, dok drugi nisu u stanju da istraju.

Konačno, Bog testira djela svakog pojedinca Sudnjeg dana koji će doći nakon Drugog Dolaska Isusa Hrista. On će mjeriti pobožnost i odanost svakog pojedinca po zaslugama odrediti mjesto boravka na nebesima i nagrade.

Djelo ostaje nakon testa vatrom

Ponovo nas 1. Korinćanima Poslanica 3:12-13 podsjeća: *„Ako li ko zida na ovom temelju, zlato, srebro, drago kamenje, drva, sijeno, slamu, svakog će djelo izaći na vidjelo; jer će dan pokazati, jer će se ognjem otkriti, i svako djelo pokazaće oganj kao što jeste. "*

Ako Bog testira vatrom djelo svakog pojedinca, kvalitet djela svakog pojedinca će se pokazati kao vjera od zlata, srebra, dragog kamenja, drveta, sijena i slame. Nakon Božjeg testa, ljudi sa vjerom od zlata, srebra, dragog kamenja, drveta ili sijena biće odvedeni u spasenje, ali ljudi sa vjerom od slame ne mogu biti spašeni zato što nisu ništa bolji nego da su mrtvi u duhom.

Šta više, ljudi sa vjerom od zlata, srebra ili dragog kamenja mogu da prevladaju vatrena iskušenja baš kao i što zlato, srebro ili drago kamenje ne mogu izgoreti u vatri, ali za ljude sa vjerom od drveta i sijena nije lako da prevaziđu ta teška i vatrena iskušenja.

Karakteristike zlata, srebra, i dragog kamenja

Zlato je kovan, rastegljiv, žut i metalni element i naročito se koristi za kovanje novčića, nakita, ukrasa, ili u zanatima. Dugo je smatrano kao najvrijedniji nakit. Njegova prelijepa blistavost se ne mijenja čak ni poslije dugo vremena zato što nema hemijske reakcije između zlata i drugih supstanci.

Zbog toga, zlato je smatrano kao najvrijedniji dragulj zato što je nepromjenljivo, izuzetno korisno za različite namjere i dovoljno elastično da bude različito oblikovano.

Srebro je bilo u širokoj upotrebi za novčiće i ukrase i

industrijske svrhe zato što je drugo po kvalitetu u kovanju i rastegljivosti i veoma dobro sprovodi toplotu. Srebro je svjetlije nego zlato, i slabije je nego zlato po ljepoti i blistavosti.

Dragocijeno kamenje, kao što su dijamanti, safiri, ili smaragdi ističu prelijepe boje i blistavost, ali ne mogu biti korišćeni u razne svrhe. Oni takođe gube vrijednost i postaju bezvrijedni ako se polome ili su ogrebani.

Zato Bog mjeri vjeru svakog pojedinca kao vjeru od zlata, srebra, dragog kamenja, drveta, sijena, slame shodno onome djelu koje preostane nakon suda vatrom, i smatra veru od zlata najvrijednijom od svih.

Dostići vjeru od zlata

Sa jedne strane, ljudi sa vjerom kao zlato nisu uzdrmani čak i kada se suoče sa vatrenim iskušenjima. Vjera od srebra nije toliko jaka kao vjera od zlata, ali je nad onom od dragog kamenja koje je trošno u vatri. Sa druge strane, ljudi sa vjerom od drveta ili slame, čija djela sagore Božjim vatrenim testom, mogu jedva da prime spasenje ali bez ijedne nagrade. Bog nagrađuje svakoga shodno sa time šta je učinio zato što je On pravedan i ispravan. Dakle, On prihvata ljude koji imaju nepromjenljivu vjeru onako kako se zlato nikada ne mjenja, i nagrađuje ih i na Nebesima i na ovoj zemlji.

Apostol Pavle, koji je posvetio sebe kao apostola za nejevreje, propovijedao je jevanđelje nepromjenjenog srca i trkao se u trci vjere sve do kraja čak iako je bio suočen sa mnogim iskušenjima i nevoljama od vremena kada je prvi put upoznao Gospoda.

Djela Apostolska 16:25 nam govore sljedeće: „*A u ponoći behu Pavle i Sila na molitvi i hvaljahu Boga, a sužnji ih slušahu. "* Zbog propovijedanja jevanđelja, Pavle i Sila su bili brutalno bičevani i zatvoreni sa okovima na nogama, ali su pesmom slavili Boga u molitvi bez jadikovanja.

Na ovaj način, Pavle se nije nikada odrekao Boga sve do smrti, niti je izustio jednu reč žalbe. On je uvijek bio radostan i zahvalan sa srcem ispunjenim nadom za Nebesa, i bio vjeran u djelima Gospodnjim sve do toga da se odrekne svog života.

Ako imate vjeru od zlata apostola Pavla, i vi ćete boraviti na predivnom mjestu sijajući kao sunce na Nebesima, i dobićete veliku Božju ljubav zbog vašeg djela koje ne može izgoreti do pepela.

Vjera od drveta i sijena

Ljudi sa vjerom od srebra ispunjavaju svoje zadatke kako bi trebalo, iako je njihova vjera manja od vjere od zlata. Kako, onda, izgleda vejra od dragocijenog kamenja?

Ljudi sa vjerom dragog kamena priznaju: „Ja ću biti vjeran Bogu! Ja ću propovijedati jevanđelje svim svojim srcem," nakon što budu izlječeni od bolesti ili ispunjeni Svetim Duhom. Kada je njihovim molitvama odgovoreno, oni tvrde: „Od sada pa nadalje, ja ću živeti samo za Boga." Gledano spolja, oni izgledaju kao da poseduju vjeru od zlata, ali se spotiču ili zastranjuju na vatrenim iskušenjima zato što nemaju vjeru od zlata. Oni izgledaju kao da imaju veliku vjeru kada su ispunjeni Svetim Duhom, ali okreću leđa od puta vjere i na kraju njihova srca su slomljena u parčad kao da uopšte nisu imali vjeru.

Drugim riječima, vjera od dragog kamenja izgleda samo na momenat prelijepo. Ipak, djela vjere od dragog kamenja ostaju nakon vatrenih iskušenja, baš kao što su i veličina nakita ili dragog kamena sačuvani u vatru.

Djela vjere od drveta i sijena, međutim, potpuno sagore nakon iskušenja vatrom. Ponovo, 1. Korinćanima Poslanica 3:14-15 nam govori: *„I ako ostane čije djelo što je nazidao, primiće platu. A čije djelo izgori, otići će u štetu; a sam će se spasti tako kao kroz oganj."*

Istina je da ljudi sa vjerom od zlata, srebra, ili dragog kamena su spašeni i nagrađeni u Raju zato što djela njihove vjere ostaju nakon Božjeg vatrenog iskušenja. Međutim, djela onih sa vjerom od drveta ili sijena su spaljena do pepela kroz vatrena iskušenja, i takvi pojedinci su jedva spašeni ali ne mogu da dobiju nikakvu nagradu u Raju.

Bog prihvata sa radošću vašu vjeru i nagrađuje vas obilno ako Ga iskreno tražite. Poslanica Jevrejima 11:6 nam govori: *„A bez vjere nije moguće ugoditi Bogu; jer onaj koji hoće da dođe k Bogu, valja da vjeruje da ima Bog i da plaća onima koji Ga traže."*

On mjeri vjeru svakog pojedinca kroz test vatrom. Bog takođe daje blagoslove na zemlji i nagrade u Raju svakome sa nepromjenjenom vjerom kao zlato.

Zato morate da razumijete da postoje razni odgovori i blagoslovi Božji kao i razna mjesta boravka i nagrade u Raju shodno sa mjerom vjere svakog pojedinca.

Da se strijemite da dostignete vjeru od zlata koja zadovoljava Boga tako da možete da uživate u Njegovim blagoslovima na svim vašim putevima na ovoj zemlji i boravite na predivnom mjestu sijajući kao sunce u Raju, ja se molim u ime našeg Gospoda!

Poglavlje 4

Vjera za dobijanje spasenja

„A Petar im reče:

„ Pokajte se,

i da se krstite svaki od vas u ime Isusa Hrista

za oproštenje grijeha;

i primićete dar Svetog Duha.

Jer je za vas obećanje i za djecu vašu,

i za sve daleke

koje će god Njemu dozvati Gospod Bog naš. " "

(Djela Apostolska 2:38-39)

U prošlom poglavlju, sagledao sam kako Bog prihvata duhovnu vjeru praćenu djelima, da svaki pojedinac ima različitu mjeru duhovne vjere, i da ona sazrijeva shodno sa pokoravanjem svakog pojedinca Riječi Božjoj.

Mjera vjere će biti svrstana u pet nivoa-vjeru zlata, srebra, dragog kamenja, drveta i sijena. Baš kao što se i penjete uz stepenice korak po korak, vaša vjera odrasta, od sijena do zlata, kako slušate Božju Riječ i povinujete joj se.

Zato što samo vjerom možete otići u Raj, da bi pravosnažno polagali pravo na nebesko kraljevstvo, vi morate da uvećavate vjeru korak po korak. Šta više, što više dobijete vjeru od zlata, vi ćete povratiti izgubljenu sliku Boga, On će vas voljeti i prihvatiti, i na kraju ćete dostići Novi Jerusalim u kome je smešten tron Božji. Dalje, ako imate vjeru od zlata, Bog je zadovoljan vama, hoda sa vama, odgovara željama vašeg srca, i blagoslovi vas da možete da izvedete čudesne znakove.

Zato se nadam da ćete mjeriti vašu vjeru i težiti da dostignete savršeniju vjeru.

1. Prvi nivo vjere

Prije nego što smo primili Isusa Hrista, mi smo bili djeca đavola i morali smo da padnemo u pakao zbog naših života u grijehu. U vezi toga u 1. Jovanovoj Poslanici 3:8 čitamo: „*Koji tvori grijeh od đavola je, jer đavo griješi od početka. Zato se javi Sin Božji da raskopa djela đavolja.*"

Ma koliko dobro i neokaljano izgledali, vi ćete se naći kako živite u tami jer će griješnost koja je skrivena u vama biti otkrivena kada vas obasja svjetlost savršene Božje istine.

Ja sam nekad mislio da sam tako dobra i plemenita osoba da mogu da živim bez zakona. Međutim, kada sam prihvatio Gospoda i pogledao se u ogledalo Riječi istine, vidio sam kakav sam bezbožan čovjek bio. Kako sam se ponašao, šta sam rekao ili čuo i šta sam mislio je bilo protiv Njegove Riječi.

Bog je u Jovu 1:8 pohvalio Jova govoreći: „*Nema onakvog čovjeka na zemlji, neokaljanog i čestitog, koji se boji Boga i uklanja se oda zla.*" Ipak, taj isti Jov, koji je bio smatran za neokaljanog i čestitog čovjeka, izgovorio je Riječi jadikovanja, žalbi, ili je jecao kada je prolazio kroz teška iskušenja.

On je priznao: „*Čak i danas moja žalba je neposlušnost; Njegova ruka je teška uprkos mom jadikovanju*" (Jov 23:2), i: „*Tako da je živ Bog, koji je odbacio pravo moje, i Svemogući, koji je ojadio dušu moju*" (Jov 27:2).

Jov je pokazao svoju rđavost i bezbožnost u iskušenjima opasnim po život, čak i nakon što je bio pohvaljen kao „neokaljan i čestit čovjek." Ko, onda, može da tvrdi da je bezgriješan u očima Boga, koji je Sam svjetlost bez imalo tame u Sebi?

U Božjim očima, svaki trag grijeha u vašem srcu kao što je mržnja ili zavist isto kao i griješna djela kao što su prebijanje, svađa ili krađa se smatraju za grijeh. O ovome nam Bog izričito govori u 1. Jovanovoj Poslanici 1:81: „*Ako kažemo da grijeha nemamo, sebe varamo, i istine nema u nama.*"

Prihvatanje Isusa Hrista

Bog ljubavi je poslao svog jednog i jedinog Sina Isusa na zemlju da bi nas izbavio od naših grijehova. Za nas je Isus bio raspet i prolio svoju dragocijenu krv koja je čista i neokaljana. On je kažnjen za naše grijehove. Ipak, trećeg dana, nakon što je pobjedio silu smrti On je ustao iz mrtvih. Četrdeset dana nakon Svog vaskrsnuća, Isus se u očima svojih učenika uzdigao u Raj, obećavajući da će se vratiti i odvesti nas u Raj (Djela apostolska 1).

Sada, vi ćete kao dar primiti Sveti Duh i biti označeni kao dijete Božje kada vjerujete u put spasenja i u svom srcu prihvatite Isusa Hrista kao svog Spasitelja. Onda vi takođe dobijate pravo da postanete dijete Božje kao što je i obećano u Jevanđelju po Jovanu 1:12: *„A svima koji Ga primiše dade pravo da budu djeca Božja, čak i onima koji vjeruju u ime Njegovo.*"

Pravo da postanete dijete Božje

Pretpostavimo da se rodi dijete. Njegovi roditelji prijavljuju njegovo rođenje u matičnu službu i registruju ga po imenu kao svog sina. Na isti način, ako se vi ponovo rodite kao dijete Božje, vaše ima se registruje u Knjizi Života u Raju i vama je dato nebesko državljanstvo.

Stoga, kada ste na prvom nivou vjere, vi postajete dijete Božje time što prihvatate Isusa Hrista i što su vam oprošteni grijehovi (1. Jovanova Poslanica 2:12), i zovete Boga „Oče" (Poslanica

Galaćanima 4:6). Takođe, vi ste ispunjeni radošću zbog činjenice da ste primili Svetog Duha iako ne znate Božju Riječ istine, i što gledanjem okoline možete da osjetite postojanje Boga.

Zato, prvi nivo vjere se zove "vjera za primanje spasenja" ili „vjera za primanje Svetog Duha", i ekvivalent je vjeri nezrelih/nesigurnih beba ili sijena kao što je već opisano.

2. Da li ste primili Svetog Duha?

Djelima apostolskim 19:1-2, Pavle, apostol za nejevreje koji se posvjetio propovijedanju jevanđelja, sreo je neke učenike u Efesu i pitao ih: *„Jeste li primili Duha Svetog kad ste vjerovali? "* Na to su oni odgovorili: *„Ne mi čak nismo ni čuli da postoji Sveti Duh. "* Oni su za pokajanje primili krštenje vodom koje im je dao Jovan Krstitelj, ali ne i krštenje Svetog Duha kao poklon od Boga.

Kao što je Bog obećao u Joilu 2:28 i u Djelima apostolskim 2:17 da će On proliti Svoj Duh na sve ljude u zadnjim danima, obećanje je ispunjeno i ljudi koji su primili Duh Božji, Sveti Duh, osnovali su crkvu. Međutim, kao i učenici u Efesu, postoji mnogo ljudi koji tvrde da vjeruju u Boga ali žive bez da znaju ko je Sveti Duh i šta je Njegovo krštenje.

Ako vi prihvatanjem Isusa Hrista steknete pravo Božjeg djeteta, On vam daje Sveti Duh kao poklon koji garantuje to pravo. Zato, ako vi ne znate Svetog Duha, vi ne možete biti zvani ili smatrani Božjim djetetom. U 2. Korinćanima Poslanici 1:21-22 čitamo: *„A Bog je koji nas utvrdi s vama u Hristu, i pomaza nas, koji nas i zapečati, i dade zalog Duha u srca naša. "*

Primiti Svetog Duha

Djela apostolska 2:38-39 do detalja objašnjavaju kako mi možemo primiti Svetog Duha: *„Pokajte se, i da se krstite svaki od vas u ime Isusa Hrista za oproštenje grijeha; i primićete dar Svetog Duha. Jer je za vas obećanje i za djecu vašu, i za sve daleke koje će god dozvati Gospod Bog naš."*

Svakome su oprošteni grijehovi i prima dar Svetog Duha ako on ispovjedi svoje grijehove, pokaje se ponizno i vjeruje da je Isus njegov Spasitelj.

Na primjer, u Djelima apostolskim 10 u Ćesariji bješe jedan čovjek nejevrejin po imenu Kornilije. Jednog dana, apostol Petar je posjetio njegovu kuću i propovijedao njemu i njegovoj porodici jevanđelja o Isusu Hristu. Dok je Petar propovijedao, Sveti Duh je došao u njih i oni su počeli da pričaju stranim jezicima.

Ljudi koji prihvatanjem Isusa Hrista kao njihovog Spasitelja dobiju Svetog Duha su na prvom nivou vjere. Ipak, oni će jedva biti spašeni zato što još uvijek nisu odbacili svoje grijehove time što se bore protiv njih, ispunili Bogom-dane dužnosti ili dali slavu Ocu.

Razbojnik koji je visio na krstu pored Isusa prihvatio je Njega kao svog Spasioca, i mjera njegove vjere je takođe na prvom nivou vjere.

3. Vjera razbojnika koji se pokajao

Jevanđelje po Luki 23 nam govori da su dva razbojnika visila na krstovima sa obe Isusove strane. Dok je jedan ismijavao Isusa, drugi je korio prvog i prihvatio Isusa kao Spasitelja tako što se pokajao za svoje grijehove. On je rekao: „*Isuse, sjeti me se kad dođeš u carstvo Tvoje,*" (stih. 42) a Isus mu je odgovorio: „*Zaista ti kažem danas, bićeš sa Mnom u Raju*" (stih. 43).

„Raj" koji je Isus obećao razbojniku je jedan u predgrađu Neba. Tamo će ući ljudi na prvom nivou vjere i ostati zauvjek. Spašenim dušama u Raju nije data nikakva nagrada. Ovaj spašeni razbojnik priznao je svoje grijehe slušajući svoju dobru savjest i bilo mu je oprošteno time što je prihvatio Isusa Hrista kao svog Spasitelja.

Međutim, on ništa nije učinio za Gospoda tokom svog života na zemlji. Zato je on dobio obećanje o Raju gde nema nagrade. Ako ljudi ne gaje svoju vjeru malu kao sjeme gorčice čak i nakon primanja Svetog Duha tako što će prihvatiti Isusa Hrista, oni će biti tek samo spašeni i živeće vječno u Raju bez ikakve nagrade.

Međutim, ne smete da mislite da su samo novi vjernici ili početnici u vjeri na prvom nivou vjere. Čak i ako ste dugo vremena vodili hrišćanski život i služili kao starješina ili đakon, vi ćete dobiti sramno spasenje ako vaše djelo izgori do pepela u testu vatrom.

Zato, vi morate da se molite i strijemite da živite po Riječi Božjoj nakon što primite Svetog Duha. Ako vi ne živite po Riječi nego umjesto toga nastavite da griješite, vaše ime će biti izbrisano iz Knjige Života na Nebu i vi nećete otići na Nebo.

4. Ne guši Svetog Duha

Postoje neki ljudi koji su jednom bili ispunjeni vjerom ali su postepeno u svojoj vjeri postali ravnodušni iz raznih razloga, i jedva primaju spasenje.

Čovjek koji je bio starješina u mojoj crkvi služio je vjerno na mnogim crkvenim frontovima, tako da je od spolja njegova vjera izgledala velika. Međutim, on se iznenada jednog dana ozbiljno razbolio. On čak nije mogao ni da govori i došao je da primi moju molitvu.

Umjesto da se molim za izlječenje, ja sam se molio za njegovo spasenje. U to vrijeme, njegova duša je patila od velikog straha zbog borbe između anđela koji su pokušavali da ga odnesu na Nebo, i zlih duhova koji su htjeli da ga odvedu u pakao. Kao prvo, da je on posjedovao dovoljno vjere za spasenje, zli duhovi ne bi uopšte ni dolazili da ga uzmu. Odmah sam se molio da otjeram zle duhove, i molio sam se Bogu da On primi ovog čovjeka. Odmah nakon molitve, on je dobio utehu i prolio suze. On se pokajao baš prije nego što je umro i bio tek jedva spašen.

Isti taj čovjek je jednom ozdravio nakon što je u prošlosti primio moju molitvu i čak se njegova žena povratila sa praga smrti u život kroz moju molitvu. Slušajući Riječ života, njegova porodica koja je imala mnogo problema postala je srećna porodica. Od tada, on je izrastao u vjernog Božjeg radnika kroz svoju istrajnost i bio je vjeran u svojim dužnostima.

Međutim, kada se crkva suočila sa iskušenjem, on nije pokušao da je štiti ili brani nego je umjesto toga dozvolio da njegove misli kontroliše Satana. Riječi koje su izlazile iz njegovih usta izgradile su veliki zid grijeha između njega i Boga. Konačno, on više nije mogao biti pod Božjom zaštitom i bio je napadnut ozbiljnom bolešću.

Kao Božji radnik, nije trebao ni da vidi ni da sluša išta što je protiv istine i Božje volje, ali umjesto toga, on je htio da sluša takve stvari i da ih širi. Bog je samo mogao da okrene Svoje lice od tog čovjeka zato što je on okrenuo leđa velikoj milosti Boga koji ga je izlječio od ozbiljne bolesti. Njegove nagrade su se srušile i on više nije mogao da smogne snagu da se moli. Njegova vjera je opala i na kraju je dostigla tačku gdje on čak nije mogao biti siguran u spasenje.

Srećom, zato što se Bog sjetio njegovog ranijeg crkvenog službovanja, čovjek je mogao da primi bar sramno spasenje nakon što mu je Bog dao milost da se pokaje za ono što je uradio.

Zato morate da shvatite da su Bogu, stav koji imate prema Njemu u dubini svog srca i djelanje po Njegovoj volji, mnogo važniji nego godine koliko vjerujete. Ako redovno idete u crkvu ali pravite zid grijeha time što ne slušate Božju Riječ, Sveti Duh u vama nestaje, vi gubite vjeru koja je mala kao sjeme gorčice (1. Solunjanima Poslanica 5:19), i vi nećete primiti spasenje.

U Poslanici Jevrejima 10:38 Bog kaže: *„A pravednik živjeće od vjere; ako li odstupi neće biti po volji Moje duše.“* Koliko ćete vi biti jadni ako ste godinama rasli u vjeri samo da bi se vratili ovozemaljskom svijetu! Morate da uvijek budete budni da ne bi bili zavedeni ili da ne doživite opadanje vjere.

5. Da li je Adam bio spašen?

Mnogi ljudi se pitaju šta se desilo Adamu i Evi nakon što su pojeli plod sa drveta spoznaje dobra i zla. Da li su oni mogli biti spašeni nakon što su bili prokleti i istjerani iz Rajskog Vrta zbog njihove neposlušnosti?

Hajde da razmotrimo proces tokom koga je prvi čovjek Adam iznevjerio Božju zapovijest. Nakon što je Bog stvorio nebesa i zemlju, On je stvorio čovjeka od prašine zemaljske po Svom liku i u Svom obliku. Kad je On u čovjeka udahnuo dah života, čovjek je postao živo biće. Onda je On zasadio Rajsku Baštu na istoku od Raja odvojenu od zemlje, i odveo ga tamo.

U Rajskom Vrtu gdje je sve bilo ljepše i bogatije nego na ijednom mjestu na zemlji, Adam nije bio u oskudici i uživao je blagoslov vječnog života i pravo da upravlja svim stvarima. Povrh toga, Bog mu je dao pomoćnika i blagoslovio ih da budu plodni, da bujaju i da ispune zemlju. Tako, Bog je blagoslovio Adama da živi u najboljem okruženju bez ikakvih nevolja.

Ipak, bila je jedna stvar koju je Bog zabranio. On je rekao: *„Ali s drveta od znanja dobra i zla, s njega ne jedi, jer u koji dan okusiš s njega, ti ćeš sigurno umrijeti"* (Postanak 2:17). Ovo ukazuje na znak Božje apsolutne vlasti i pokazuje da je On uspostavio red imeđu Njega i ljudskog roda.

Nakon što je prošlo mnogo vremena, Adam i Eva su zapostavili Božju zapovjest i pojeli plod drveta po nagovoru zmije. Oni su zgriješili i njihovi duhovi su umrli kao rezultat njihovih grijehova, i na kraju su postali tjelesni i grješni.

Oni su morali biti otjerani iz Rajskog Vrta i živjeti na zemlji u središtu svih vrsta patnji kao što su bolesti, suze, jad i bol i umrli su kada je njihov životni dah prestao, kao što je Bog i rekao: *„ Ti ćeš sigurno umrijeti. "*

Da li su Adam i Eva primili spasenje i otišli na Nebo? Oni nisu poslušali Božju zapovjest i zgriješili su prema Njemu. Zbog ovoga, neki ljudi polemišu: „Oni nisu spašeni zato što su zgriješili i izazvali da sve stvari budu proklete i da svi njihovi nasljednici žive u patnjama." Ipak, Bog ljubavi je otvorio vrata spasenja i za njih. Njihova srca su ostala čistija i nežnija prema Bogu čak i nakon što su zgriješili, u čistoj suprotnosti sa današnjim ljudima čija srca su zaprljana raznim vrstama grijeha i zla u ovom poročnom svijetu.

Kao rezultat njihovog grijeha, Adam je morao da znojeći se naporno radi, što nije bilo tako u vremenu kad je živio u Rajskom Vrtu, a Eva je morala da pati od većih bolova prilikom porođaja nego kad je bila u Rajskom Vrtu. Obadvoje su takođe svjedoci kada je jedan od njihovih sinova ubio drugog.

Kroz ove patnje i iskustva, Adam i Eva su počeli da shvataju kako dragocijeni su bili blagoslovi i izobilje u kojima su uživali u Rajskom Vrtu. Žalili su za vremenom kada su živjeli u ljubavi i pod zaštitom Boga. Oni su primjetili u svojim srcima da sve u čemu su uživali u Rajskom Vrtu je bio blagoslov i ljubav Božja, i potpuno se pokajali zbog neposlušnosti prema Božjoj zapovjesti.

Kako je mogao Bog ljubavi, koji oprašta čak i ubici kada se pokaje iz dubina svog srca, da ne primi njihovo pokajanje? U stvari, njih je stvorio svojim rukama Bog Lično i odgajani su u milosti i pažnji Božjoj dugo vremena. Kako je mogao Bog da ih pošalje u Pakao?

Bog je prihvatio pokajanje Adama i Eve i odveo ih, kroz Svoju ljubav, na put spasenja. Naravno, oni su jedva spašeni i dosegli su Raj. Ovo je zato što su se oni odrekli ljubavi Božje iako ih je On nežno volio. Njihova neposlušnost nije bila mala stvar pošto je donela veliku bol srcu Božjem i izazvala smrt i patnju nebrojenih generacija koje su došle poslije njih.

Pretpostavimo da postoji beba koja ne raste čak i poslije mnogo vremena. Ako beba lijepo raste, njeni otac i majka su zadovoljni. A opet, ako beba lijepo jede ali ne raste, uznemirenost i brige njenih roditelja rastu iz dana u dan.

Isto tako, kad jednom primite Sveti Duh i imate vjeru koja je mala kao sjeme gorčice, vi morate da se borite da poboljšate svoju vjeru učeći i povinujući se Riječi Božjoj. Samo onda ćete moći da dobijete šta god zatražite od Gospoda, date slavu Bogu, i napredujete prema nebeskom carstvu.

Da se ne zadovoljite činjenicom da ste spašeni i da ste primili Svetog Duha, nego da se borite da dostignete veću mjeru vjere i uživate pravo i blagoslove kao voljena djeca Božja, u ime Našeg Gospoda ja se molim!

Poglavlje 5

Vjera da pokušate da živite po Riječi

~

„Nalazim, dakle zakon, da me na zlo nagoni,

kad hoću dobro da činim.

Jer imam radost u zakonu Božjem

po unutrašnjem čovjeku,

ali vidim drugi zakon u udima svojim,

koji se suproti zakonu uma mog,

i zarobljava me zakonom grijehovnim

koji je u udima mojim.

Ja nesrećni čovjek!

Ko će me izbaviti od tijela smrti ove?

Zahvaljujem Bogu svom kroz Isusa Hrista Gospoda našeg.

Tako, dakle, s jedne strane

ja sam umom svojim služim zakonu Božjem,

a sa druge, a tijelom zakonu grijehovnom. “

(Poslanica Rimljanima 7:21-25)

~

Kada započnete život u Hristu i primite Svetog Duha, vi postajete revnosni i usrdni u vašem životu u vjeri i ispunjeni radošću spasenja. Nastojite da se povinujete Riječi Božjoj ako spoznate Boga i Nebo. Sveti Duh vam pomaže da pratite put istine i razumijete istinu. Ako vi ne slušate Božju Riječ, osjećate se jadno zato što u vama Sveti Duh jeca i vi konačno shvatite šta je grijeh.

Na ovaj način, čak iako na početku imate vjeru koja vam omogućava da tek jedva budete spašeni, vi nastojite da živite po Božjoj Riječi kako se vaša vjera razvija. Razmotrimo u detalje kako da vi vodite svoj život u vjeri na ovom stupnju.

1. Drugi nivo vjere

Kada ste spašeni tako što vjerujete u Isusa Hrista i nalazite se na prvom nivou vjere, vi možete bez znanja počiniti grijehove zato što imate ograničeno znanje o Riječi Božjoj. To je isto kao što beba ne osjeća sram čak i kada je gola.

Ipak, ako slušate Riječ Božju i duhovno vjerujete da postoji život u Riječi, vi revnosno hoćete da slušate Riječ i da se molite Bogu. Kada vidite vjerom-ispunjene crkvene radnike, i vi poželite da vodite vjernički život u Hristu.

Prema tome, vi se postepeno okrećete od svjetovnog načina

života, odlazite u crkvu, i nastojite da slušate Riječ Božju. Vi ste nekad uživali u druženju sa svjetovnim prijateljima ali sada želite da pratite duhovna predavanja i druženja zato što vaše srce traži Duha.

Na drugom nivou vjere, vi učite kako da kao dijete Božje vodite dobar hrišćanski život kroz molitvene poruke propovijednika i svjedočenja braće i sestara po vjeri.

Prirodno, vi učite da živite kao hrišćanin. Održavate Gospodnji Dan svetim i donosite cijeli desetak u Božju kuću. Učite da ćete uvijek biti radosni, molite se stalno, i u svako doba odajete zahvalnost. Učite da volite bližnjega svog kao samog sebe, i da volite čak i svoje neprijatelje. Takođe, rečeno vam je da ne treba samo da odbacite sve vrste zla kao što je mržnja, zavist, osuđivanje ili klevetanje, nego i da sličite srcu Gospodnjem. U ovom spoju, vi se odlučujete da živite po Riječi.

2. Najteži nivo života u vjeri

Na ovaj način, vi ulažete sve napore da se povinujete Riječi zato što znate istinu. U isto vrijeme, međutim, osjećate se nelagodno jer nije lako uvijek živjeti po Riječi. Vaše djelo izgleda kao da je u sukobu sa vašom voljom.

U mnogim slučajevima, vi ne možete živjeti po Riječi zato što vam još nije dato dovoljno duhovne snage da sledite Božju Riječ. Neki ljudi mogu čak uzdahnuti i jadikovati, govoreći: „Volio bih da nikad nisam znao za crkvu.“

Dozvolite mi da sa primjerom pojasnim ovo. Vi želite da svaku nedjelju održite Božjim svetim danom, ali možda nekad ne možete da je održite svetom zbog nekog sastanka ili društvenog okupljanja. Nekad prisustvujete jutarnjoj nedjeljnoj službi ali propustite nedjeljnu večernju službu. Nekad idete na svadbu vašeg prijatelja ili rođaka bez da prisustvujete službi bogosluženja u nedjelju.

Vi takođe znate da trebate da date Bogu cio desetak ali nekad ne poslušate ovu zapovjest. Drugi put, osjetite se puni mržnje prema drugima čak iako pokušavate da ne mrzite. Požuda se javlja kada pogledate nekog atraktivnog člana drugog pola zato što je taj element grijeha i zla još uvijek zadržan u vašem srcu (Jevanđelje po Mateju 5:28).

Isto tako, ako ste na drugom nivou vjere, vi dajete sve od sebe da se povinujete Riječi Božjoj, čak iako vam snaga punog povinovanja još nije data. I pored toga, vi ulažete sve napore da otjerate vaše grijehove, kao što je suditi drugima, zavist, ljubomora, preljubništvo i slično, a svaki od njih je protiv Riječi.

Ne povinovati se uvjek Riječi

U Poslanici Rimljanima 7:21-23, apostol Pavle detaljno razmatra zašto je drugi nivo vjere najteža etapa života u vjeri:

Nalazim, dakle zakon, kad hoću dobro da činim, da me na zlo nagoni. Jer imam radost u zakonu Božijem po unutrašnjem čovjeku, ali vidim drugi zakon u udima svojim, koji se suproti zakonu uma mog, i zarobljava me zakonom grijehovnim koji je u udima mojim.

Postoje neki hrišćani koji osjećaju muku zato što znaju Riječ ali se još uvjek ne povinuju Božjim zapovestima. Dužnost je duhovnih vođa da ih mudro vode na put istine.

Recimo da postoji čovjek koji ne može da prestane das puši ili pije. Ako ga korite govoreći mu: „Ako nastaviš da pušiš ili piješ, Bog će biti ljut na tebe," on će oklijevati da dođe u crkvu i na kraju će napustiti Boga. Bolje da ste ga ohrabrili riječima: „Ti možeš lako da prestaneš da pušiš i da piješ zato što će ti Bog pomoći. Ako tvoja vjera raste, biće ti lako da prestaneš. Zato, molim te stalno se moli sa vjerom u Boga. "U ovom slučaju, vi ne treba da ga vodite da dođe pred Boga sa osjećajem krivice ili strahom od kazne. Umjesto toga, treba da ga vodite da dođe pred Boga sa radošću i zahvalnošću, sa svješću i sigurnošću u Boga ljubavi.

Kao drugi primjer, pretpostavimo da postoji čovjek koji prisustvuje samo nedjeljnoj jutarnjoj službi a popodne otvara svoju radnju. Šta bi vi njemu rekli? Bolje bi bilo da ga vodite i dobronamerno savjetujete, govoreći: „Bog je zadovoljan kada ti održavaš cio Gospodnji Dan svetim. Ako održavaš cio Gospodnji Dan svetim i moliš se za Njegove blagoslove, ti ćeš sigurno videti da te Bog obilnije blagosilja nego što možeš zaraditi time što otvaraš radnju na Gospodnji Dan."

Bez obzira na to, to ne znači da je u redu da mjera nečije vjere ostane nepromjenjena, bez porasta. Baš kao što vidimo u razvoju djeteta koje se zbog nepravilnog i nepravovremenog rasta razboli, postane invalid ili umrije, i vjera takve osobe vremenom slabi i on će biti veoma daleko od puta spasenja. Kako žalosno će to biti ako on ne može biti spašen!

Isus nam u Otkrivenju 3:15-16 kaže: *„Znam tvoja djela da nisi ni studen ni vruć; Želim da si studen ili vruć. Tako, budući mlak, i nisi ni studen ni vruć, izbljuvaću te iz usta Svojih. "* Bog nas obavještava i upozorava da ne možemo biti spašeni sa mlakom vjerom. Ako je vaša vjera hladna, Bog je sposoban da vas povede u pokajanje i spasenje stavljajući vas na iskušenja. Međutim, ako vi još uvjek imate mlaku vjeru, nije vam lako da nađete sebe i okajete svoje grijehe.

3. Vjera Izraelaca tokom Izlaska (Druga knjiga Mojsijeva)

Kada ne uspjete da živite po Riječi Božjoj, vi ste skloni da jadikujete ili gunđate o svojim teškoćama umjesto da ih nadvladate sa vjerom i radošću. Ipak, Bog ljubavi vas toleriše i stalno vas ohrabruje da živite i ostanete u istini.

Hajde da uzmemo jedan primjer. Izraelci su bili porobljeni oko 400 godina u Egiptu. Oni su otišli otuda pod vođstvom Mojsija i mnogo puta vidjeli moćna djela Božja dok su pješačili prema zemlji Hanajskoj.

Oni su svjedoci kada se Deset pošasti nadvilo nad Egiptom, kada se voda Crvenog mora razdvojila na pola; i kad se gorka voda Mere promjenila u slatku, pijaću vodu. Oni su takođe jeli manu i prepelice koje su padale sa Neba dok su prolazili kroz Pustinju Grijeha. Oni su bili svjedoci djela Božje čudesne moći na takav način.

Ipak, oni su se radije žalili i prigovarali nego da se mole sa vjerom kad god su se susretali sa nevoljama. Pa ipak, Bog bogat ljubavlju je imao milosti da ostane sa njima i vodi ih danju i noću sve dok nisu stigli do Obećane Zemlje.

Nezadovoljni i ojađeni ljudi

Zašto su Izraelci nastavili sa mumlanjem i gunđanjem kad god su se susreli sa iskušenjima i teškoćama? To nije bilo zbog same situacije, već zbog njihove vjere. Da su imali iskrenu vjeru, oni bi u svojim srcima uživali u Hananu, Obećanoj zemlji, mada su u stvarnosti bili u pustoši.

Drugim riječima, da su vjerovali da će ih Bog stvarno odvesti u zemlju Hanan, oni bi stigli tamo i prevazišli bi sve vrste teškoća, bez da osjećaju tugu ili bol bez obzira sa kakvim teškoćama su se sreli u pustinji.

U zavisnosti od vjere i stava koji ljudi imaju, njihova reakcija može biti drugačija čak i u istom okruženju ili situaciji. Neki u teškoćama osjećaju tugu; drugi je prihvataju sa osjećanjem dužnosti; drugi neki, pak, nalaze volju Božju u sred tih poteškoća i povinuju joj se sa radošću i zahvalnošću.

Kako možete da vodite život u Hristu ispunjen zahvalnostima a da se ne žalite? Dozvolite mi da sa primjerom objasnim ovo. Pretpostavimo da živite u Seulu i da imate velike finansijske poteškoće.

Jednog dana, neko dolazi kod vas i kaže vam: „Ima parče dijamanta veličine fudbalske lopte zakopano na nekoj plaži u Pusanu, nekih 266 milja jugoistočno od Seula. Tvoje je ako ga nađeš. Možeš da pješačiš ili trčiš do obale, ali ne smeš da bi stigao tamo da voziš kola, uzmeš autobus, ili voz ili avion.“

Kako bi reagovali? Vi nikada nećete da kažete: „U redu. Dijamant je moj zato što mi ga je on dao, tako da ću da idem sljedeće godine da ga uzmem“ ili „Ići ću tamo sljedećeg mjeseca zato što sam ovih dana zauzet.“ Vi ćete zasigurno požuriti da krenete da trčite od momenta kada ste čuli tu vijest od njega.

Kada ljudi čuju ovu vijest, većina će ih najkraćom prečicom otrčati ka Pusanu da uzme vrijedni dijamant što je prije moguće. Niko neće odustati na putu za Pusan bez obzira na bol u nogama ili iscrpljenost. Umjesto toga, vi ćete šprintati da dobijete vrijedni dijamant sa radošću i zahvalnošću bez žalbi na bol u nogama.

Na isti način, ako imate sigurnu nadu za vječno i prelijepo nebesko kraljevstvo i nepromjenjenu vjeru, vi možete da bez žaljenja trčite u trci vjere pod svim okolnostima dok ne stignete u Raj.

Pokorni ljudi

Ako se povinujete Riječi Božjoj, ne osjećate bol ili muku u vašem hrišćanskom životu već imate zadovoljstvo i radost. Ako osjećate uznemirenost u vašem životu u vjeri, to svjedoči vašoj nepokornosti ka Riječi Božjoj i zastranjivanju od Njegove volje.

Evo jedne alegorije. U starim vremenima, konji su služili da nose teret. Konje su često šibali iako su radili za njihove gospodare. Oni nisu morali da budu šibani ako su slušali svog gospodara, ali ako su, ne slušajući vlasnike, radili po svome, onda nisu mogli izbjeći surovo šibanje.

Tako je isto i sa ljudima koji ne slušaju Riječ Božju. Takvi ljudi rade po svome i čine da Gospodar jeca. S vremena na vrijeme njih išibaju. Nasuprot tome, ljudi koji se povinuju Riječi Božjoj, govoreći: „Bože reci mi. Ja ću samo tebe slijediti," vode miran i lagodan život.

Na primjer, Bog nam zapovjeda: „Ne kradi." Kada slušate tu

komandu, osjećate se mirnim. Međutim, kada je ne slušate, osjećate se nemirnim zato što imate želju za krađom. Veoma je prirodno da dijete Božje odbaci šta god mu Bog naredi da odbaci. Ako ne odbaci, on osjeća bol u svom srcu.

Zato u Jevanđelju po Mateju 7:13-14, Isus govori: „*Uđite na uska vrata; jer su široka vrata i širok put što vode u propast, i mnogo ih ima koji njim idu Kao što su uska vrata i tjesan put što vode u život, i malo ih je koji ga nalaze.*“

Početnici u vjeri smatraju da je teško i mukotrpno da slušaju Riječ Božju, kao što je i pokušaj da se uđe kroz usku kapiju. Ipak, oni postepeno shvataju da je to put ka Nebu i istinski i srećan put.

4. Ukoliko ne vjerujete i povinujete se

Vi ste vjerovatno mnogo puta čuli sljedeće stihove iz 1. Solunjanima Poslanice 5: „*Radujte se svagda. Molite se Bogu bez prestanka; na svačemu zahvaljujte; jer je ovo volja Božija za vas u Hristu Isusu*“ (stihovi 16-18).

Da li vi izgubite radost kada vam se deši nešto tužno? Namrgodite li se kada vam neko zadaje brige? Da li ste puni nervoze i briga kad ste u finansijskim poteškoćama ili kad vas neko tuži?

Neki možda misle da je licemjerno biti radostan i zahvalan čak i u teškim vremenima. Oni mogu da pitaju: „Zašto bih se zahvaljivao kada nema ničeg na čemu treba biti zahvalan?“ Oni takođe znaju da trebaju da budu strpljivi, ali postanu uznemireni ili plahoviti kada se suoče sa nepodnošljivim situacijama.

Oni vrše preljubu u svom srcu kada pogledaju u atraktivnu ženu zato što još uvijek nisu izbacili požudu iz srca. Ove stvari potvrđuju da takvi ljudi nisu otjerali svoje grijehove tako što se bore protiv njih i ne povinuju se Riječi.

Vi ne čujete glas Svetog Duha

Ako vi u velikoj mjeri znate Božju Riječ ali joj se ne povinujete, ne možete čuti glas Svetog Duha niti vas On može voditi zato što ste napravili zid grijeha između Boga i vas. Međutim, čak i početnik u vjeri može da čuje Njegov glas i biti vođen od Njega ako se povinuje Riječi Božjoj. Baš kao što malo dijete ne mora ni o čemu da brine kada sluša roditelje, Bog Lično je zadovoljan vama i vodi vas kada Mu se povinujete čak i sa malo vjere.

Evo jednog primjera. Roditelju brinu o svom djetetu u svakom pogledu. Međutim, oni ne moraju sa mnogo pažnje da brinu o njemu kada ono odraste tako da može samo da hoda i hrani se. Oni više ne moraju da ga tretiraju kao djetence kada on dostigne godine da krene u osnovnu školu. Ipak, roditelji će osjećati bol i ljutnju ako dijete ne nosi cipele kako treba ili ne radi stvari koje sam treba da radi.

Na isti način, ako ste vodili hrišćanski život dovoljno dugo da postanete vođa ili radnik u svojoj crkvi, vi treba da se povinujete Božjoj Riječi. Ako vi slušate Njegovu Riječ a nastavite da živite hrišćanskim životom koji podsjeća na onaj od malog djeteta i nastavite da gradite zid grijehova prema Boga, Njegov sud će vas sustići.

U takvom slučaju, vi nećete moći da primite odgovore od

Boga čak iako Mu se molite. Vi nećete moći da gajite dobar plod u vašem životu i da primite zaštitu od Boga. Vi nećete napredovati nego naprotiv susretaće te se sa nevoljama. Morate da živite bolan i tegoban život ispunjen nervozom i brigama.

Vi ne dobijate ni Božje odgovore ni Njegovu zaštitu

Ako ste na drugom nivou vjere, vi dobro znate šta je grijeh i da morate da odbacite zlo i neistinu iz vas. Ako ih niste odbacili nego ih još imate na pameti, kako možete da, bez srama, dođete svetom Bogu koji je sama svjetlost? Vaš neprijatelj Satana i đavo vam prilazi i prouzrokuje da sumnjate u Boga i na kraju vas zavodi da se vratite ovozemaljskom svijetu.

Bio je jedan starješina u mojoj crkvi koji se okušao u različitim poslovima, pitajući se: „Šta treba da uradim za mog pastira?“

Ipak, on nije bio toliko uspješan zato što je bio fizički vjeran ali nije od grijeha očistio srce, što je najvažnija stvar. On je osramotio Boga time što nije pratio pravi put zbog njegovih tjelesnih misli i njegovog srca koje je često tražilo svoje zadovoljstvo. On je takođe iznosio nečasne opaske, ljutio se na druge ljude, i u mnogim aspektima pokazao neposlušnost Božjoj Riječi.

Šta više, da se njegovi finansijski i međuljudski problemi nisu nastavili, on se ne bi pridržavao vjere, već bi je ugrozio nepravednošću. Na kraju, zato što je nivo nazadovanja u njegovoj vjeri mogao da dovede do gubitka svih nagrada koje je do tada zaslužio, Bog je u najboljem trenutku pozvao njegovu dušu.

Zato morate da shvatite da najznačajnija stvar nisu fizička

vjernost i titule koje daje crkva, već je to da otjerate sve vaše grijehove dok živite po Riječi Božjoj.

5. Nezreli i zreli hrišćani

Ako ste na prvom nivou vjere, vi ne osjećate uznemirenost i ne čujete jecaj Svetog Duha čak iako činite grijehove. To je zbog toga što još ne možete da odvojite istinu od neistine i ne možete da shvatite da činite grijeh čak iako ga upravo činite. Bog ne može da vas osuđuje tako strogo kada činite grijehove jer ne možete da odvojite istinu od neistine zbog nedostatka znanja o Riječi Božjoj.

To je isto kao kada bebu ne možete kriviti čak i kada prevrne čašu vode ili polomi fini porcelan dok puzi po podu. Umjesto toga, njegovi roditelji ili drugi članovi porodice okrivljuju ne bebu već svoju sopstvenu nemarnost.

Ipak, ako dostignete drugi nivo vjere, vi ćete moći da čujete jecaj Svetog Duha u vama, i osjećaćete zabrinutost kada činite grijehove. Ipak, vi ne možete da razumijete svaku Riječ Božju zato što ste u duši kao malo dijete, i nije lako da se sami povinujete Riječi. Zato su ljudi u prvom i drugom nivou vjere nazvani: „Hrišćani hranjeni mlijekom."

Hrišćani hranjeni mlijekom

Apostol Pavle piše u 1. Poslanici Korinćanima 3:1-3 sljedeće:

I ja, braćo, ne mogoh s vama govoriti kao s

duhovnima nego kao s ljudima od mesa, kao s malom djecom u Hristu. Mlijekom vas napojih a ne jelom, jer još ne mogaste. Ni sad još ne možete, jer ste još tjelesni. Jer gde su među vama zavisti i svađe i nesloge, niste li tjelesni, i ne živite li po čovjeku?

Ako prihvatite Isusa Hrista, vi dobijate pravo da postanete dijete Božje i vaše ime je zapisano u Knjigu Života u Raju. Međutim, prema vama se postupa kao prema malom djetetu u Hristu zato što još niste potpuno povratili izgubljenu sliku Boga.

Iz ovog razloga, o onima koji su u prvom i drugom nivou vejre treba voditi dobro računa. Njih treba naučiti Riječi Božjoj i ohrabriti da žive po njoj kao kad bi bebu hranili mlijekom.

Zato su ljudi u prvom i drugom nivou vjere nazvani: „Hrišćani hranjeni mlijekom." Ako njihova vejra raste, i samostalno počnu da razumiju i povinuju se Riječi Božjoj, oni se zovu: „Hrišćani hranjeni čvrstom hranom."

Dakle, ako ste Hrišćanin hranjen mlijekom – u prvom ili drugom nivou vjere – treba da date sve od sebe da postanete Hrišćanin hranjen čvrstom hranom. Međutim, morate da zapamtite da ne možete silom da vodite život Hrišćanina hranjenog mlijekom do nivoa onog koji je hranjen čvrstom hranom. Ako to učinite, vi ćete patiti od lošeg varenja baš kao i kad je odojče hranjeno čvrstom hranom, ono će imati probleme sa varenjem.

Zato treba da budete mudri kada brinete o svom supružniku, djetetu, ili bilo kom ko ima malo vjere. Prvo treba da se stavite na njihovo mjesto i vodite ih da porastu u vjeri tako što ćete ih učiti o živom Bogu, umjesto da ih krivite i korite zbog njihove vjere koja je mala i koja je proizvod njihovog tvrdoglavog srca ili nepokornih djela.

Bog ne kažnjava ljude na prvom ili drugom nivou vjere čak iako oni ne održavaju Gospodnji Dan svetim ili ne žive potpuno po Riječi. Umjesto toga, On razumije njihovu situaciju i vodi ih sa ljubavlju. Na ovaj način, mi bi trebali da razaznamo mjeru naše vjere podjednako kao i vjeru drugih i mislimo mudro shodno sa mjerom vejre.

Hrišćani koji jedu čvrstu hranu

Ako strijemite da vodite dobar hrišćanski život čak iako ste na prvom ili drugom nivou vjere, Bog vas štiti od mnogih problema i iskušenja. Bez obzira na to, vi ne treba da se zaustavite na mjeri drugog nivoa vjere bez da pokušate da dalje poboljšavate vašu vjeru. Baš kao što su i roditelji zabrinuti kada njihova djeca ne rastu dobro i pravilno, a potpuno su zadovoljni kad im djeca dobro rastu, i dijete Božje mora uporno da neguje svoju vjeru kroz Riječ i molitvu.

Sa jedne strane, pak, u najprikladnije vrijeme Bog vas stavlja pred poteškoće kako bi vas On odveo do trećeg nivoa vjere. On vas blagoslovi ne samo rastom vaše vjere već i mnogim drugim stvarima. Što veća je poteškoća koju prelazite, veći je blagoslov Božji.

Sa druge strane, ako vi treba da budete na trećem nivou vjere ali živite život koji se očekuje od nekog na prvom ili drugom nivou vjere, Bog će vam dati disciplinska iskušenja umjesto testa blagoslova.

Pretpostavimo da postoji dijete kome nedostaju hranljive

materije zato što nastavlja da pije samo mlijeko bez da uzima i druge hranljive materije. Ako insistira na mlijeku, ono može da postane bolesno zbog loše ishrane ili čak i umrije. U ovakvoj situaciji, roditelji naravno čine sve da nahranili svoje dijete hranljivim jelom.

Na isti način, kada Božja djeca znaju za Njegovu Riječ ali idu putem smrti bez pokoravanja Riječi, Bog – koji kroz Svog Sina Isusa Hrista želi da stekne iskrenu djecu – dozvoljava im iskušenja slomljenog srca pred optužbama Sataninim.

Bog se ophodi prema svojoj djeci kao što se navodi: *„Jer koga ljubi Gospod onog i kara; a bije svakog sina kog prima. Ako trpite karanje, kao sinovima pokazuje vam se Bog: jer koji je sin kog otac ne kara?"* (Poslanica Jevrejima 12:6-7)

Ako je dijete Božje počinilo grijehove i On ga ne kazni, to svjedoči da je ta osoba mnogo udaljena od Božje ljubavi. To će biti tragedija nad tragedijama za njega da upadne u Pakao zato što ga Bog više ne prihvata kao Svog sina.

Zato, ako Božja kaznena iskušenja dođu nad vama kada počinite grijeh, morate da se sjetite da je to dokaz Njegove ljubavi i duboko se pokajete nad vašim grijehovima. Suprotno, ako vas Bog ne kazni čak iako ste počinili grijehove, onda bi bez odustajanja trebalo da pokušate da se pokajete u vašim grijehovima i dobijete oproštaj.

Vama mogu biti oprošteni grijehovi kada se kajete zbog njih ne samo vašim usnama već i kada napustite put grijehova. Iskreno kajanje sa suzama nije izvršeno samo vašom voljom već milošću Božjom. Zato morate iskreno tražiti od Boga da vam On da milost pokajanja sa suzama. Ako Njegova milost dođe na vas, vi ćete se kajati u suzama i slinavi, a kajanje koje razdire vaše srce će izaći.

Samo onda će zid grijehova prema Bogu biti uništen i vaše će srce biti osvježeno i svjetlo. Vi ćete biti ispunjeni Svetim Duhom i preplavljeni radošću i zahvalnostima, i ovo je dokaz da ste povratili ljubav Božju.

Ako treba da budete na trećem nivou vjere ali se ponašate i živite na način koji dolikuje onima na drugom nivou vjere, prilično je teško da vam odozgo bude data takva vjera kojom možete riješiti svoje probleme. Kada Bogom dana vjera ne dođe do vas, nemoguće je da vaše bolesti budu izlječene vašom vjerom pa možete da završite tako što ćete se osloniti na svjetovne metode. Međutim, ako potpuno okajete svoje grijehove sa suzama i okrenete se od puta grijehova, vi ćete ubrzo povratiti treći nivo vjere.

Ako ste razumijeli ovaj princip rasta vjere, ne bi trebali da budete zadovoljni sa postojećim nivoom vjere. Baš kao što dijete raste da bi pošlo u osnovnu školu, onda u srednju školu, visoku, fakultet i tako dalje, vi morate da date sve od sebe da usavršavate vašu vjeru sve dok ne dostignete najveći nivo vjere.

Ako ste na drugom nivou vjere, vaša vjera brzo raste sa ispunjenjem Svetim Duhom jer vaša vjera, čak iako je mala kao sjeme gorčice, već je posađena i počela je da klija. Drugim riječima, vaša vjera dovoljno narasta da se povinujete Riječi Božjoj pošto se naoružate Njegovom Riječju revnosno slušajući Riječ, posejćujući svako bogosluženje, i neprestano se moleći.

Da ne skladištite samo Riječ Božju kao golo znanje već da joj se i povinujete sve do tačke prolivanja svoje krvi i dostignete veću vjeru, u ime našeg Gospoda ja se molim!

Vjera da živite po Riječi

„Svaki dakle koji sluša ove Moje riječi
i izvršuje ih,
kazaću da je kao mudar čovjek
koji sazida kuću svoju na kamenu.
I udari dažd, i dođoše vode,
i dunuše vjetrovi i napadoše na kuću onu;
i ne pade,
jer biješe utvrđena na kamenu.“
(Jevanđelje po Mateju 7:24-25)

Različiti ljudi imaju različitu mjeru vjere. Vjera je poklon od Boga koji vam je dat u obimu u kome vi izvršavate istinu u vašim srcima. Kada se vaša vjera znanja promjeni u vjeru Bogom datu, vi možete dobiti odgovore od Njega.

Kao što sam napomenuo u ranijim poglavljima, kada se kaže da ste na prvom nivou vjere kako bi dobili spasenje, vi dobijate Svetog Duha i vaše ime je zapisano u Knjigu Života u Raju. Onda, vi počinjete da formirate odnos sa Bogom i zovete ga: „Bože moj Oče."

Dalje, vaša vjera će da raste i vi ćete uživati u slušanju Riječi Božje ispunjeni Svetim Duhom, i pokušaćete da joj se povinujete kao što vam je rečeno. Međutim, vi se ne povinujete čitavoj Njegovoj Riječi. Vi osjećate teškoću prema Riječi Božjoj i ne dobijate svaki odgovor. U ovoj etapi, kaže se da ste na drugom nivou vjere.

Kako možete da dostignete sledeći-treći-nivo vjere na kojem možete da živite po Riječi? Kakav Hrišćanski život ćete voditi na trećem nivou vjere?

1. Treći nivo vjere

Kada neko prihvati Gospoda i primi Svetog Duha, u njegovom srcu je posađeno sjeme vjere koje je malo kao sjeme gorčice. Ako se ovo sjeme razvije, ono dostiže nivo vjere u kome vi pokušavate da se povinujete Riječi a onda dostiže viši nivo na kome se vi povinujete.

Na početku, vi se ne povinujete mnogo Riječi čak iako je slušate, alo kako vaša vjera raste, vi možete dublje da je razumijete i povinujete joj se više. Iz ovog razloga, „vjera da se povinujete" se takođe naziva „vjera koja vam omogućava da razumijete."

Razumijeti Riječ je različito od skladištenja Riječi kao znanja. To jest, silno pokušavanje da se povinujete Riječi zato što znate da je Biblija Riječ Božja je prilično drugačije od povinovanja Riječi samovoljno i spremno zato što razumijete zašto treba da joj se povinujete.

Povinovati se Riječi kroz razumijevanje

Evo jednog primjera. Pretpostavimo da ste slušali poruku koja je propovijedana kao što slijedi: „Ako održavate dan Gospodnji svetim i dajete cio desetak na dar, Bog će otkloniti sve vrste nevolja i iskušenja iz vas. On će vas izlječiti od sve vrste bolesti. On će blagosloviti vašu dušu i daće vam finansijski blagoslov."

Ako mislite da znate Riječ nakon što ste saslušali poruku ali ne razumijete je u vašem srcu, vi se nećete uvijek povinovati Reči u vašem svakodnevnom životu. Vi ćete možda pokušati da se povinujete Riječi, misleći: „Da, ovo se čini dobrim," i ponekad se povinovati zapovjesti, ali u drugim prilikama nećete se povinovati u zavisnosti od situacije. Ovaj ciklus može da se ponavlja sve dok ne dostignete savršenu vjeru u Riječ.

Međutim, ako dođete do toga da razumijete Riječ i vjerujete

u nju u vašem srcu, vi ćete držati Božji dan svetim, davaćete sav desetak, i nećete iči u kompromis u bilo kojim teškim okolnostima.

Na primjer, recimo da direktor kompanije kaže svim svojim zaposlenim: „Ako neko od vas radi noću, ja ću platiti svakome od vas prekovrijemeni rad i unaprediti vas." Ako je izbor za prekovrijemeni rad na svakom zaposlenom, šta bi zaposleni uradili ako vjeruju direktorovom obećanju?

Oni će svakako raditi prijeko noći ukoliko nemaju neki specijalan razlog da ne rade. Uopšteno, treba da prođe nekoliko godina do unapređenja u jednoj kompaniji i treba mnogo truda da se prođe test za unapređenje. Uzimajući u obzir sve ove činjenice, nijedan zaposleni u toj kompaniji neće oklijevati da radi prekovremeno jednu noć, mjesec dana ili čak duže.

Isto je i sa Božjom zapovjesti da se održava dan gospodnji svetim i da se daje desetak. Ako u potpunosti vjerujete u obećanje Božje o održavanju dana Gospodnjeg svetim i davanju desetka, šta bi ste uradili?

Vaša pokornost donosi vam blagoslove

Kada držite dan Gospodnji svetim, vi priznate Gospodnju vrhovnu vlast. Vi prepoznajete da Bog jeste Gospodar duhovnog carstva. Zbog toga vas te sedmice Bog štiti od svih vrsta nevolja i nesreća, i blagoslovi da vaša duša bude dobro ako održavate dan Gospodnji svetim. Vi takođe priznajete suverinitet Božji kroz davanje desetka, zato što prihvatate da sve stvari na nebesima i na zemlji pripadaju Bogu.

Pošto je Bog stvoritelj svih stvari, sam život potiče od Boga, i snaga kojom činite napore i dajete sve od sebe takođe potiče od Njega. Drugim riječima, sve stvari pripadaju Bogu. Po ovom principu, sav vaš prihod je Božji, ali On vam dozvoljava da Mu date deseti deo toga a da ostalo koristite za sebe.

Malahija 3:8-9 nas podsjeća: „*Eda li će čovjek zakidati Boga? A vi mene zakidate! I govorite: „U čem Te zakidamo?" U desetku i u prinosu. Prokleti ste, jer me zakidate, vi, sav narod.*"

Sa jedne strane, vi ste pod kletvom ako počinite ozbiljan grijeh krađom Božjeg desetka. Sa druge strane, ako date cio desetak Bogu u pokoravanju Njegovoj zapovjesti, vi ćete biti uvjek pod Njegovom zaštitom i dobićete blagoslove dobre mjere, nabijene, stresene i prepune (Jevanđelje po Luki 6:38).

Ispravno razumijevanje donosi pokornost

Samo kada razumete pravo značenje Riječi što ide dalje od toga da je jednostavno čuvate kao znanje, možete da joj se povinujete i dobijete blagoslove Božje koji vas nagrađuje shodno sa onim šta ste učinili. Ako ne razumijete prava značenja Riječi, međutim, vi nećete potpuno moći da joj se povinujete čak iako to pokušate, zato što je držite i smatrate samo kao znanje u vašem mozgu.

Prema tome, vi morate da se trudite da rastete u vjeri. Beba će umrijeti ako se ničim ne hrani. Ona mora redovno da se hrani, da pomjera ruke i noge, da vidi, čuje, i da uči od svojih roditelja ili drugih. U ovom procesu, bebino znanje i razum se razvijaju i ona raste i sazrijeva dobro i pravilno.

Slično i vjernici moraju ne samo da slušaju Riječ Božju, nego i da pokušaju da shvate njeno pravo značenje. Kada se molite da se pokorite Riječi Božjoj, vi ćete moći da razumijete njeno značenje i dostignete snagu da joj se pokorite.

Na primjer, Bog govori u 1. Solunjanima Poslanici 5:16-18: *„Radujte se svagda; molite se Bogu bez prestanka; na svačemu zahvaljujte; jer je ovo volja Božija za vas u Hristu Isusu.“* Ljudi na drugom nivou vjere su, sa osjećajem dužnosti, spremni da se mole, zahvaljuju i budu radosni jer je to zapovjest Božja. Ipak, oni Mu se ne zahvaljuju kada se ne osjećaju zahvalnima, ili nisu radosni kada se suočavaju sa teškim situacijama zato što pokušavaju da se povinuju Riječi samo sa osjećanjem dužnosti.

Ljudi na trećem nivou vjere, pak, mogu da se povinuju Riječi zato što stoje na kamenu vjere. Oni razumiju zašto treba da su zahvalni svakog časa, zašto moraju revnosno da se mole i budu uvjek radosni. Oni su stoga uvjek radosni i zahvalni iz dubine svojih srca i mole se neprestano pod svim okolnostima.

Onda, zašto vam Bog zapovjeda da uvjek budete radosni? Koje je pravo značenje ove zapovjesti? Ako ste radosni samo kad vam se nešto radosno i srećno desi a niste radosni kada se suočite sa nevoljama i brigama, vi niste ništa bolji od svjetovnih ljudi koji ne vjeruju u Boga.

Ovi ljudi teže ka zemaljskim stvarima zato što ne znaju odakle ljudska bića potiču i kuda idu. Zato su oni radosni samo onda kada je njihov život ispunjen prijatnim i srećnim događajima ili razlozima. Inače, obuzeti su i prepuni brigama, nespokojstvom, tugom ili bolom koja dolazi od svijeta.

Vjernici, pak, mogu živjeti totalno drugačije od ovakvih ljudi zato što imaju nadu u Raj. Mi kao vjernici ne moramo da brinemo ili da budemo nespokojni zato što naš istiniti Otac je Bog koji je stvorio nebesa i zemlju i vlada nad svim stvarima i nad ljudskom istorijom. Zašto treba da brinemo ili da strepimo? Šta više, pošto ćemo da uživamo u vječnom životu u kraljevstvu Nebeskom kroz Isusa Hrista, nemamo drugog izbora no da budemo radosni.

Vjera da se povinujemo Riječi

Ako razumijete Riječ Božju iz dubina vašeg srca, možete biti radosni čak i u vremenima kada ne možete biti radosni, možete zahvaljivati u svakom trenutku čak iako vam je teško da se zahvalite, i molite se čak i u vremenima kad niste u mogućnosti da natjerate sebe na molitvu. Samo onda će vaš neprijatelj đavo otići od vas, nevolje i muke će vas napustiti, i sve vrste problema će se razriješiti zato što je Svemogući Bog sa vama.

Ako tvrdite da vjerujete u Svemogućeg Boga ali još ste zabrinuti ili ste prijeko volje radosni kada se suočite sa problemom, vi ste na drugom nivou vjere.

Međutim, ako ste preobraćeni da razumijete Riječ Božju istinski i budete zahvalni i radosni iz srca, vi ste na trećem nivou vjere. Sljedeće se dešava kada ste na trećem nivou vjere: onoliko koliko se trudite da volite i služite drugima, mržnja će nestati i vaše će srce, malo po malo, postati ispunjeno duhovnom ljubavlju da volite vaše neprijatelje. To je zato što vi sada razumijete iz srca ljubav Gospoda koji je uzeo hrapav krst za griješnike.

Isusa su razapeli, vrijeđali i loše postupali prema njemu poročni griješnici iako je On radio samo dobro i bio besprijekoran. On nije mrzeo one koji su Ga razapeli, vređali ili ismijavali, već se molio Bogu da im možda bude oprošteno. Na kraju, On je dokazao Svoju veliku ljubav time što je predao Svoj život zbog njih.

Vi ste možda mrzeli one koji su vas povrijedili ili klevetali vas bez ikakvog razloga prije nego što ste razumijeli veliku ljubav Isusa vašeg Gospoda. Međutim, vi možda sada mrzite njihove grijehove ali ne i njih. Pored toga, vi ne zavidite onima koji rade napornije ili su više hvaljeni nego vi, već se umjesto toga radujete zbog njih i više ih volite u Hristu. Možda ste sumnjali u Riječ Božju ili je ocjenjivali shodno sa vašim mišljenjem kada ste je prvi put čuli, ali sada ste prihvatili Riječ sa radošću bez sumnji ili osuđivanja. Na trećem nivou vjere, vi se povinujete Riječi Božjoj zapovješću za zapovješću.

Božje nagrade iziskuju vjeru praćenu djelima

Prije nego što sam upoznao Boga, sedam godina sam patio od raznih bolesti i dobio sam nadimak: „Skladište bolesti." Uložio sam mnogo napora da se izliječim, ali sve je bilo uzalud i bolesti su svakim danom bile sve gore i gore. Izgledalo je nemoguće izliječiti ih medicinskom naukom i ja nisam više mogao ništa drugo da radim osim da čekam smrt.

Jednog dana, bio sam trenutno izliječen moći Božjom i povratio sam svoje zdravlje. Kroz ovo prelijepo iskustvo, spoznao sam živog Boga i od tada Mu potpuno vjerujem bez sumnji i potpuno zavisim od Riječi iz Biblije. Povinovao sam se bezuslovno svakoj Riječi Božjoj. Bio sam radostan sve vrijeme bez obzira na poteškoće, i odavao sam hvalu u svakoj teškoj situaciji zato što mi je to Bog rekao da radim u Bibliji.

Bilo je moje najveće zadovoljstvo da posjećujem bogosl.uženja i molim se Bogu nedeljom; ja sam čak odustao i od mogućnosti da radim na veoma dobrom poslu i počeo sam da radim na gradilištu zato što sam bio odlučan da održavam Gospodnji Dan svetim.

Ipak, bio sam veoma zahvalan i radostan zbog činjenice da je Bog moj Otac. On je došao k meni dok sam čekao smrt zbog raznih ozbiljnih bolesti, i ja sam bio veoma zahvalan zbog Njegove nevjerovatne milosti. Nastavio sam da se molim i postim kako bi potpuno živio po Riječi Božjoj. Onda jednog dana, čuo sam glas Božji kako me zove kao Svog slugu. Poslušnog srca odlučio sam da postanem Njegov dobar sluga i danas Mu služim kao pastor.

Zahvalan sam Bogu mom Ocu iz dubine moga srca bilo da klečim dole i molim Mu se, šetam ulicom ili pričam sa nekim. Na isti način, ja sam uvjek radostan iz dubine moga srca. Brige i nevolje će biti pred svakim, a kao pastor starješina crkve od 120.000 članova, ja imam dosta posla i odgovornosti. Moram da naučim i uvježbam mnogo slugu i svještenika Božjih kako bi ispunio Bogom dati zadatak i ispunio svjetsku misiju vodeći nebrojani mnogo ljudi ka Gospodu. Đavo smišlja sve vrste trikova da omete ostvarenje Božjih planova, i donosi mnoge vrste poteškoća i iskušenja. Mnoge stvari za žaljenje, preklinjanje i brigu su me uznemiravale i ponavljale se, i mogao sam da pokleknem da su me nadvladale ili da me je strah obuzeo.

Ipak, nikada me nisu pokorile ili pobjedile brige i strepnje jer sam jasno razumio Božju volju. Davao sam hvalu Njemu i molio se radosno koliko god da su bila moja iskušenja i brige, pa je Bog uvjek radio za dobro u svemu i još više me blagoslovio.

2. Dok ne dostignete stenu vjere

Gledanje stvari bez vjere kroz sočivo straha i nemira će samo povrijediti vaš duh i oštetiti vaše zdravlje. Ako razumijete duhovno značenje Riječi Božje koja nam govori: „*Radujte se svagda; molite se Bogu bez prestanka; na svačemu zahvaljujte; jer je ovo volja Božija u Hristu Isusu od vas,*" vi možete da se od srca zahvalite u svakoj situaciji (1. Poslanica Solunjanima 5:16-18).

To je zbog toga što čvrsto vjerujete da je to način da udovoljite Bogu, volite Ga i primite odgovore od Njega. Pored toga, to je ključ da riješite vaše probleme, dobijete Njegove blagoslove, i istjerate svog neprijatelja Satanu i đavola. Pretpostavimo da postoje neka žena i njena snaja koje nisu u dobrim međusobnim odnosima. One znaju da treba da vole jedna drugu i održavaju mir među sobom. Ipak, šta će se desiti ako se one okrivljuju ili gunđaju jedna protiv druge? Ni jedan problem između njih ne može biti riješen.

Sa jedne strane, ako svekrva ogovara svoju snaju pred drugim članovima porodice i komšijama i ako snaja priča loše pred drugima o svojoj svekrvi, prepirke i konflikti neće prestati i neće biti mira u kući.

Sa druge strane, šta će im se desiti ako se one pokaju zbog svojih loših postupaka, razumiju jedna drugu tako što se stavljaju jedna na mjesto one druge, oproste i vole jedna drugu? Biće mira u kući. Svekrva će lijepo pričati o snaji bez obzira da li je snaja prisutna ili ne, a snaja će zauzvrat hvaliti i poštovati svekrvu od srca. Kako će one imati odnos pun ljubavi i miran! Ovo je pravi način da vas i Bog voli.

Početna faza trećeg nivoa vjere

Razlog zbog čega su neki nesposobni da se povinuju Riječi čak i kad znaju da je istinita je zato što oni imaju puno neistine preostale u njihovim srcima, a ta neistina, koja je protiv Volje Božje, gasi želju za Svetim Duhom. Tako, kada uđete u početnu fazu trećeg nivoa vjere, vi počinjete da se borite protiv grijehova do tačke prolivanja svoje krvi (Poslanica Jevrejima 12:4).

Kako bi odbacili svoje grijehove, morate strijemiti tako što ćete se usrdno moliti uz post kao što nam je Isus rekao: *„Ovaj se rod ničim ne može istjerati do molitvom"* (Jevanđelje po Marku 9:29). Samo tada ćete dobiti dovoljno snage i milosti od Boga da živite po Riječi Božjoj. Isto tako, ako ste na trećem nivou vjere, vi ćete željno čekati da odbacite ono što vam Bog kaže da odbacite, i činite ono što vam On kaže da činite kao što Biblija zapovjeda.

Da li ovo znači da svako ko drži Božji Dan svetim i daje darove u desetku ima treći nivo vjere? Ne, to nije slučaj. Neki ljudi mogu da prisustvuju nedjeljnoj službi i daju darove u desetku sa licemernim stavom – oni možda to rade samo zato što se plaše suda i nevolja koje će nastati ako ne slušaju ove zapovjesti, ili zato što oni hoće da službenici i sluge Božje govore lijepo o njima. Ako obožavate Boga u duhu i istini, Njegova Riječ ima ukus slađi od meda.

Međutim, ako prijeko volje prisustvujete bogosluženju, obavezno osjećate dosadu od poruke i mislite u sebi: „Samo kad bi se ova služba brzo završila..." Ovo je zato što, čak iako je vaše tijelo u hramu Božjem, vaše srce je na drugom mestu.

Ako prisustvujete bogosluženju ali dozvolite svom srcu da leti prema svijetu, neće se smatrati da ste održavali Dan Božji svetim zato što Bog ispituje srce obožavalaca. U ovom slučaju, vi ste još uvijek na drugom nivou vjere čak iako dajete cio desetak.

Mjera vjere biće drukčija od osobe do osobe čak iako su oni možda na istom nivou vjere. Ako je perfektna mjera vjere svakog nivoa na 100%, vaša vjera postepeno raste od mjere od 1% do mjere od 10%, 20%, 50% i tako dalje, do 100% na svakom nivou vjere. Ako vaša vjera naraste do mjere od 100%, ona prerasta nivo mjere.

Na primjer, pretpostavimo da podelimo mjeru drugog nivoa vjere od 1% do 100%. Kako se vaša vjera na drugom nivou vjere približava mjeri od 100%, vi možete dostići treći nivo vjere. Po istom kalupu, ako vaša vjera na trećem nivou vjere naraste do 100% vi ste na četvrtom nivou vjere. Zbog toga, vi treba da ste sposobni da ispitate na kom ste trenutno nivou vjere, i koliku ste mjeru na tom nivou ostvarili.

Kamen vjere

Ako vaša vjera dostigne više od 60% na trećem nivou vjere, kaže se da stojite na kamenu vjere. U Jevanđelju po Mateju 7:24-25, Isus nam govori: *„Svaki dakle koji sluša ove moje riječi i izvršuje ih, kazaću da je kao mudar čovjek koji sazida kuću svoju na kamenu. I udari dažd, i dođoše vode, i dunuše vjetrovi, i napadoše na kuću onu, i ne pade; jer bješe utvrđena na kamenu."*

„Kamen" se ovde odnosi na Isusa Hrista (1. Korinćanima Poslanica 10:4), a „kamen vjere" oslikava čvrsto stajanje na istini, Isusu Hristu. Prema tome, ako stojite na kamenu vjere nakon što ste prešli prijeko 60% na trećem nivou vjere, vi ne padate pred bilo kakvom nevoljom ili iskušenjem. Vi se povinujete volji Božjoj do kraja zato što ćete ostati da čvrsto stojite na kamenu vjere kada jednom utvrdite da je to pravi put ili volja Božja.

Stoga, vi uvjek možete da vodite pobjednički život i dajete slavu Bogu bez da vas zavedu neprijatelj Satana i đavo. Šta više, radost i zahvalnost kuljaju iz vašeg srca uprkos bilo kakvih nevolja i iskušenja, i vi uživate u miru i odmarate se tako što se stalno molite.

Recimo da je vaš sin zamalo poginuo u saobraćajnoj nesreći. Uprkos ovoj očiglednoj nesreći, vi od srca prolivate suze zahvalnosti i veseli ste zato što stojite čvrsto u istini. Čak iako ostanete bogalj zbog neke nezgode, vi nećete gunđati protiv Boga, govoreći: „Zašto me Bog nije zaštitio?" Umjesto toga, vi ćete zahvaliti Bogu zato što je zaštito ostale dijelove vašeg tijela.

U stvari, jednostavna činjenica da su naši grijehovi oprošteni i da možemo da odemo na Nebo, dovoljna nam je da se zahvalimo Bogu. Čak iako postanete bogalj, to vas ne može spriječiti da odete na Nebo zato što kada uđete u carstvo nebesko, vaše obogaljeno tijelo će se promjeniti u savršeno nebesko tijelo.

Drugim riječima, ne postoji razlog da se žalite ili osjećate tugu. Naravno, Bog vas sigurno uvjek štiti ako imate ovu vrstu vjere. Čak iako Bog dozvoli da budete povređeni u saobraćajnoj nesreći tako da možete primiti blagoslove, vi možete biti kompletno izlječeni u skladu sa vašom vjerom.

Trijumfalni život na kamenu vjere

Čak iako ljudi u početnoj fazi trećeg nivoa vjere imaju želju da se povinuju Riječi, nekad se oni radosno povinuju Riječi, a nekad se povinuju nevoljno. To je zato što ova druga grupa ljudi nije još uvijek kompletno posvjećena, i ima sukobe između istine i neistine u svojim srcima.

Na primjer, vi pokušavate da služite drugima i ne mrzite ih zato što vas Bog uči da ne mrzite druge nego da volite vašeg neprijatelja. Ipak, čak iako izgleda da vi služite druge, vi možda i dalje osjećate tegobu zato što ih vi ne volite iz srca. Međutim, ako stojite čvrsto na kamenu vjere, vaš neprijatelj Satana i đavo ne uspjevaju da vas zavedu ili uznemire zato što imate srce istine da sledite želju Svetog Duha, i vi nemate čega da se plašite zato što koračate u središtu moći Boga Svemogućeg.

Baš kao što je sa vjerom mladi David hrabro rekao džinu Golijatu: *„Bitka je GOSPODOVA i On će vas dati nama u ruke"* (1. Samuelova 17:47), vi ćete biti sposobni da date tako hrabru ispovjest o vjeri kad vam Bog podari pobjedu u skladu sa vašom vjerom. Ništa vas ne može omesti ili izmoriti zato što je svemogući Bog vaš pomagač.

Ako ste bližnji sa Bogom i djelite ljubav sa Njim, vi možete da dobijete rješenja za vaše probleme i zahteve istog momenta kad Ga pitate sa vjerom. Ipak, ovo se ne odnosi na ljude koji se rijetko mole i nisu bližnji sa Bogom. Kada se oni suoče sa problemima, veoma im je teško da prime riješenja od Boga premda tvrde: „Bog će mi sigurno dati riješenje." To je kao da čekaju da jabuka sama padne sa drveta. Eto zašto moramo da se molimo neprestano.

Kako da dostignemo kamen vjere

Nije lako bokseru da postane svjetski šampion. Ta vještina zahteva stalno zalaganje, dugo strpljenje i jaku samokontrolu. Na početku, početnik će nepravedno gubiti trening mečeve zato što nema veštinu.

Ipak, pošto neprestano trenira i usavršava svoju vještinu, on može da zada udarac protivniku makar jednom čak iako je prije toga bio udaren dvaput ili triput. Ako strpljivo poboljšava svoju vještinu i snagu ulažući sve više napora, on će dobijati više mečeva, a njegovo samopouzdanje će takođe rasti.

Slično i učenik koji dobro zna engleski jedva čeka da počne čas engleskog i kad jednom počne on istinski uživa na njemu. Suprotno tome, učenicima koji su loši iz engleskog vjerovatno će biti dosadno i tegobno na času engleskog.

Isto je tako i sa duhovnim ratom protiv neprijatelja đavola. Ako ste vi na drugom nivou vjere, želja Svetog Duha u vama pokreće najžešći rat protiv griješne želje zato što obadve zelje imaju istu veličinu moći. To je kao borba između dva čovjeka sa jednakom snagom i vještinom. Ako jedan udari drugog, ovaj mu uzvrati udarac. Ako jedan udari drugog pet puta, drugi mu uzvrati isto toliko puta. Isto je tako i sa duhovnim ratom protiv đavola. Vi nekad nadjačate đavola ili on nekad potuče vas.

Međutim, ako nastavite da se molite i pokušavate da se povinujete Riječi bez da imate ili osjećate razočarenja, Bog će izliti Svoju milost i snagu i Sveti Duh će vam pomoći. Kao rezultat, želja Svetog Duha buja u vašem srcu i vaša vjera stalno raste do trećeg nivoa vjere.

Jednom kada dostignete treći nivo vjere, požude griješne

prirode blijede i postaje lakše da živite u vjeri. Dok se stalno molite kao što i Riječ zapovjeda, vi ćete uživati u molitvi Bogu. Ako ste u početku mogli da se molite najviše deset minuta, vi ćete moći da se molite dvadeset minuta, onda trideset, a kasnije možete lako da se molite po najmanje dva ili tri sata.

Nije lako za početnike u vjeri da se mole više od deset minuta zato što oni nemaju dovoljno tema i zahteva za koje će da se mole, tako da se osjećaju malo nezgodno u vezi molitve i zavide ljudima koji mogu da se tečno, bez poteškoća mole. Ako vi sa strpljenjem nastavite da se molite svim srcem, odozgo će vam biti data snaga da se satima dnevno molite. Bog vam daje Svoju milost i snagu da se molite onda kada dajete sve od sebe da se neprekidno molite.

Na ovaj način, vaša vjera odrasta sa neprekidnom molitvom. Kada dostignete veću mjeru vjere u okviru trećeg nivoa, vi ćete posjedovati nepoljuljanu vjeru bez da se okrećete desno ili levo prilikom bilo kog iskušenja ili nevolje.

Dostići dalje od kamena vjere

Ako stojite na kamenu vjere, Bog vas voli, riješava vaše probleme i daje vam odgovore štagod da pitate. Vi takođe možete slušati glas Svetog Duha, biti radosni i zahvalni pod bilo kojim okolnostima kako Bog zapovjeda, pa ćete neprestanim molitvama postati živahni zato što boravite u Riječi koja je zapisana u šezdeset šest knjiga Biblije.

Ako ste svještenik, starješina, pastor, ili vođa crkve ali ne možete da slušate glas Svetog Duha, morate da znate da još ne stojite na kamenu vjere. Ovo ne mora neizostavno da znači da vi možete da čujete glas Svetog Duha samo dok stojite na kamenu vjere.

Čak i početnici u vjeri mogu da čuju Njegov glas kada se povinuju Božjoj Riječi kako su naučili. Zbog njihovog pokoravanja Riječi, ne treba mnogo vremena da vjera početnika naraste od prvog nivoa sve do mjere kamena vjere.

Od kako sam prihvatio Gospoda, počeo sam da razumijem milost Božju u svom srcu i pokušao da se povinujem Riječi kako sam je naučio. Zbog ovih napora, mogao sam da čujem glas Svetog Duha i On me je vodio zato što sam se povinovao Riječi svim srcem sa osjećajem odlučnosti da ću radosno položiti čak i svoj život za Gospoda ako je potrebno.

Trebalo mi je tri godine da jasno čujem glas Svetog Duha. Vi, naravno, možete čuti Njegov glas za godinu ili dvije ako revnosno čitate Riječ Božju, držite je u mislima i povinujete joj se. Ipak, bez obzira na dužinu vremena provedenog kao vjernik, vi nećete čuti glas Svetog Duha ako ste živjeli u sopstvenim mislima bez povinovanja Riječi.

Ima nekih vjernika koji kažu: „Nekada sam bio ispunjen Svetim Duhom i imam dobru vjeru. Aktivno sam služio crkvi. Ali moja vjera se iskvarila od kako sam duhovno počeo da oklijevam zbog nekog drugog člana crkve." U ovakvom slučaju, za ovu osobu ne može biti rečeno da je imala dobru vjeru prije i da je vrijedno služila crkvi.

Šta više, da su ovakvi ljudi zaista imali dobru vjeru, oni ne bi na prvom mjestu smjeli da padnu zbog drugog člana, i ne bi napustili svoju vjeru. Bilo im moguće da učine tako zato što su imali samo tjelesnu vjeru bez djela čak i ako su imali znanje o Riječi Božjoj.

Mi ne treba da budemo nepromišljeni da ostavimo crkvu nakon što nam neki članovi crkve prave smetnje. Koliko bi to bilo žalosno ako izdate Boga koji vas je iskupio od grijehova i dao vam pravi život, samo da bi se vratili svijetu koji vodi u vječnu smrt, i sve zato što ste se zakačili sa svještenikom, vođom, bratom ili sestrom u vašoj crkvi!

Morate da se složite da ste daleko od kamena vjere ako se molite dvolično samo da bi predstavili sebe kao strasnog molioca, ili se osjećate mučno i neprijateljski prema onima koji spletkare i ogovaraju vas. Ako vi stojite na kamenu vjere, ne treba da osjećate neprijateljstvo prema njima, nego da se sa ljubavlju molite za njih u suzama.

Kroz svo moje službovanje od 1982.g, ja sam iskusio krajnje neprihvatljiva vremena i događaje u crkvi. Neki svještenici ili članovi su sa ljudske tačke gledišta bili suviše zli da bi im bilo oprošteno, ali nikad nisam osjećao mržnju ili neprijateljstvo prema njima. Kako sam naslutio da će biti preobraćeni, pokušavao sam da vidim njihove dobre i ljubazne strane umjesto njihove zlobe.

Na ovaj način, vi možete potpuno da se povinujete Riječi i uživate u slobodi koju vam Riječ istine daje ako imate potpunu mjeru trećeg nivoa vejre i stojite čvrsto na Božjoj Riječi. Onda ćete uvijek biti radosni, odavati hvalu stalno, i neprestano se moliti. Nećete nikad izgubiti osjećaj zahvalnosti ili se osjećati tužno. Šta više, čvrsto ćete stajati na kamenu Isusa Hrista bez da se tresete ili okrećete desno ili lijevo.

3. Borba protiv grijeha sve do tačke prolivanja krvi

U srcu onih na drugom nivou vJere, želja Svetog Duha vodi rat protiv želja griješne prirode. Ipak, oni na trećem nivou vjere izbacuju želju griješne prirode i vode trijumfalni život u Riječi jer oni slijede želju Svetog Duha.

Na trećem nivou vjere, lako je voditi život u Hristu jer ste već odbacili djela griješne prirode dok ste još bili na drugom nivou vjere. Ako uđete u treći nivo vjere, međutim, vi počinjete da se borite protiv želja griješne prirode, mješavine prirode grijeha i tjelesnog tjela duboko ukorjenjenog u nama, sve do tačke prolivanja vaše krvi.

Kao ishod, kada dostignete punu mjeru trećeg nivoa, vi nadalje ne mislite saglasno sa griješnim mislima već se potpuno povinujete Riječi i uživate slobodu u istini zato što ste se već riješili svih vrsta i pretnji griješne prirode.

Važnost uklanjanja griješne prirode

Ako volite Boga i povinujete se Njegovoj Riječi, ne treba dugo vremena da podignete mjeru vaše vjere od drugog do trećeg nivoa. Naprotiv, ako redovno posjećujete crkvu ali ne pokušavate da se povinujete Riječi, ne možete podići mjeru vjere do većeg nivoa i morate da ostanete na sadašnjem nivou – drugom nivou vjere.

Isto je i sa sjemenom koje nije posijano duže vrijeme. Ako sjeme nije sijano duže vrijeme, ono gubi svoj život. Vaš duh takođe može rasti samo kada razumijete Riječ Božju i povinujete joj se. Vi treba da date sve od sebe da razumijete Riječ i povinujete joj se tako da vaša duša može bolje da napreduje.

Jednom kada je sjeme zasijano u zemlju, lako je tom sjemenu da se razvije. Sa jedne strane, izdanak može da umrije ako olujna kiša dođe ili ga ljudi nagaze, i iz ovog razloga za mladi izdanak treba posebna pažnja. Na isti način, ljudi na trećem nivou vjere treba da vode računa o onima koj su na prvom ili drugom nivou vjere tako da oni mogu dobro rasti u vjeri.

Sa druge strane, ako rastete da postanete veliko drvo u vjeri time što ste ušli u treći nivo vjere, vi nećete pasti dole bez obzira koliko jaka iskušenja ili nevolja dođe na vas. Veliko drvo nije lako iščupati zato što je posađeno duboko u zemlju, iako njegove grane mogu biti savijene ili polomljene. Na isti način, na trenutak se možda čini da samo što niste pali dok se suočavate sa iskušenjima i nevoljama, ali možete da povratite snagu i nastavite da rastete u vjeri zato što vaša duboko ukorjenjena vjera nije uzdrmana pod bilo kojim okolnostima.

Neprestani napori prema potpunoj mjeri vjere

Potrebno je dugo vremena da mlado drvo naraste, procvijeta i da plodove ili izraste da bude veliko drvo gdje ptice mogu sjedeti na granama. Slično tome, nije teško uzdignuti vašu vjeru od drugog do trećeg nivoa kada vi tako čvrsto odlučite, ali potrebno je mnogo više vremena da povećate svoju vjeru od trećeg na četvrti nivo. Zato vi morate slušati Riječ Božju i razumijeti je u duhu da se povinujete Riječi zapisanoj u šezdeset šest knjiga Biblije, ali nije lako razumijeti savršenu volju Boga Oca za kratko vrijeme.

Na primjer, čak iako se učenik ističe u osnovnoj školi, on ne može poći na fakultet ili voditi neki svoj biznis odmah nakon što je završio osnovnu školu.

Ipak, postoje neki pametni ljudi koji upišu fakultet tako što idu i polože kvalifikacione ispite u mlađim godinama, dok drugi pođu na fakultet poslije nekoliko pokušaja.

Slično tome, vi možete dostići četvrti nivo vjere brzo ili sporo u zavisnosti od vaših napora. Naravno, najvažniji faktor je koliko je osoba velika kao posuda za prihvat vjere. Napor male posude nije veliki u nadgrađivanju njegove vjere na veći nivo čak iako razumije Riječ i nada se za Nebo i vjeru. Nasuprot tome, velika posuda razumije šta je ispravno i odlučuje da uradi pravu stvar, i on nastavlja da strijemi dok ne postigne svoj cilj.

Zbog toga morate da shvatite koliko je važno da ulažete sve napore i borite se protiv svojih grijehova do tačke prolivanja krvi kako bi podigli svoju vjeru od trećeg do četvrtog nivoa vere što je moguće brže.

Izvršavanje vaših dužnosti dok istjerujete grijehove

Vi na smijete zanemariti svoje Bogom dane dužnosti dok se borite protiv svojih grijehova. Na primjer, bila je jedna starija đakonica u mojoj crkvi koja je bila sa mnom od osnivanja crkve. Ona i njen muž, koji su obadvoje patili od ozbiljnih bolesti, došli su u moju crkvu. Oni su primili moju molitvu i bili izlječeni.

Od tada, ona je povratila svoje dobro zdravlje i pokušala da podigne mjeru svoje vjere, ali nije u potpunosti ispunjavala dužnosti kao starija đakonica. Ona nije težila da se bori protiv grijehova do tačke prolivanja svoje krvi, i bezbožnost je još uvjek ostala u njenom srcu čak iako je nastavila da dolazi u crkvu i petnaest godina slušala Riječ Božju. Njena djela i riječi su ličila na one koji su na drugom nivou vjere.

Na sreću, ona se duhovno probudila nekoliko mjeseci prije smrti i pokušala je da udovolji Bogu tako što je raznosila i djelila crkvene novine. Kako je tri puta primili moju molitvu, njoj je dat treći nivo vjere u kratkom vremenskom periodu.

Zato, vi ne trebate samo da se borite protiv svojih grijehova do tačke prolivanja krvi da bi otjerali sve vrste zla, nego da takođe izvršavate Bogom dane dužnosti svim svojim srcem tako da možete dostići veću mjeru vjere.

Veoma je teško da odbacite svoje grijehove sami, ali je veoma lako ako primite snagu Božju sa Neba.

Da budete mudri hrišćanin u Božjim očima pošto se podsjetite da Njegova moć dolazi na one koji ne samo da odbacuju sve vrste grijehova i zla tako što se bore protiv njih do tačke prolivanja krvi nego i izvršavaju svoje Bogom dane dužnosti, u ime Našeg Gospoda ja se molim.

Vjera da volimo Gospoda do najvećeg stepena

„ Ko ima zapovesti Moje i drži ih
je onaj ko Me voli;
a onaj ko Me voli
biće voljen od Mog Oca;
i ja ću voljeti njega njega i pokazaću Mu se Sam. “
(Jevanđelje po Jovanu 14:21)

Baš kao što morate da idete uz stepenice korak po korak, vi morate da povećavate svoju vjeru nivo po nivo dok ne dostignete punu mjeru vjere. Na primjer, 1. Solunjanima Poslanica 5:16-18 nam govori: *„Radujte se svagda; molite se Bogu bez prestanka; na svačemu zahvaljujte; jer je ovo volja Božija za vas u Hristu Isusu. "* Veličina nečijeg povinovanja ovoj zapovjesti je drukčija saglasno mjeri vjere svakog pojedinca.

Ako ste na drugom nivou vjere, kada se suočite sa iskušenjima i nevoljama vi ste prije tužni nego veseli i zahvalni, zato što vam još nije dato dovoljno snage da živite po Riječi Božjoj. Kada uđete u treći nivo vjere i odbacite grijehove tako što se borite protiv njih do tačke prolivanja vaše krvi, vi ste sposobni da u iskušenjima i nevoljama budete veseli i zahvalni do nekog stepena.

Čak iako ste još na trećem nivou vjere i suočite se sa ozbiljnim nevoljama, vi ćete možda biti malo sumnjičavi ili skeptični, ili možda nekako silom veseli i zahvalni zato što još uvjek niste u potpunosti razumijeli Božje srce.

Međutim, ako čvrsto stojite na kamenu vjere koji je sa trećim nivoom vjere još dublje ukorjenjen, vi ste veseli i zahvalni iz sveg srca čak i ako se suočavate sa iskušenjima i nevoljama. Takođe, ako dostignete veću mjeru vjere – četvrti nivo – sreća i zahvalnost će uvjek kuljati iz vašeg srca. Tako, na četvrtom nivou vjere, vi ste veoma daleko od toga da budete tužni ili ljutiti u iskušenjima i nevoljama, nego se umjesto toga prikazujete na smjeran način, pitajući se: „Da li sam ja učinio nešto loše?" Kao rezultat, svako ko dostigne četvrti nivo vjere, na kome ste sposobni da volite Gospoda do krajnjeg stepena, prosperira u svemu što radi.

1. Četvrti nivo vjere

Kada vjernici kažu: „Volim te, moj Gospode," izjava onih koji su na drugom ili trećem nivou vjere je veoma različita od izjave onih na četvrtom nivou vjere. Ovo je zato što je jedna stvar srce koje voli Gospoda umjereno, a srce koje voli Njega do krajnjeg stepena je sasvim druga. Baš kao što nam Poslovice 8:17 obećavaju: *„Ja ljubim one koji mene ljube, i koji me marljivo traže nalaze me,"* oni koji vole Gospoda do krajnjeg stepena mogu da dobiju šta god da traže.

Voljeti Gospoda do krajnjeg stepena

Praoci vjere koji su voljeli Boga do krajnjeg stepena bili su ispunjeni obiljem radosti i iskrene zahvalnosti čak i kad su patili a da nisu učinili ništa loše. Na primjer, prorok Danilo se zahvaljivao Bogu sa vjerom i molio Mu se čak i kad je trebao da bude bačen u lavlju jazbinu kao poslijedica prevare nekih bezbožnih ljudi.

Ipak, Bog je bio zadovoljan njegovom vjerom, poslao je Svoje anđele da zatvore usta lavovima i dozvolio im da zaštite Danila od lavova. Kao rezultat, Danilo je veoma slavio Boga (Danilo

6:10-27).

Drugom prilikom, Danilova tri prijatelja priznali su kralju Nabukodonosoru svoju vjeru u Boga čak i kad je trebalo da budu bačeni u ognjenu peć pod optužbom da nisu htjeli da se poklone i obožavaju zlatni lik.

U Danilu 3:17-18, oni priznaju: *„Evo, Bog naš, kome mi služimo, može nas izbaviti iz peći ognjene užarene; i izbaviće nas iz tvojih ruku kralju. Ali čak i da On ne bi, znaj, kralju, da bogovima tvojim nećemo služiti niti ćemo se pokloniti zlatnom liku, koji si postavio.“*

Oni su čvrsto vjerovali Bogu sa čijom snagom su sve stvari moguće, i čvrsto priznali da su spremni da se odreknu svojih života za Boga kome služe čak i ako ih On ne spasi iz ognjene peći.

Oni su bili odani svojim dužnostima ne tražeći ništa zauzvrat i nisu se žalili Bogu, čak i kad su se suočili sa kobnim iskušenjem koje je zahtevalo njihove živote bez ikakvog razloga. Oni su i dalje mogli da se raduju i daju zahvalnost za milost Božju zato što su svi oni bili veoma svjesni da će sigurno otići na Nebo u ruke svom voljenom Ocu čak iako su ispečeni do smrti u ognjenoj peći. Vodeći se priznanjem njihove vjere, Bog ih je zaštitio od ognjene peći tako da im ni dlaka sa glave nije oprljena. Kralja je veoma preplašio ovaj čudesni prizor pa odao veliku slavu Bogu i unapredio Danilove prijatelje na veće pozicije nego prije.

Razmotrite ovaj primjer: bezbožni ljudi su apostola Pavla i Silu brutalno išibali i bacili u tamnicu kada su putovali od mjesta do mjesta i propovijedali jevanđelje. Noću, oni su slavili i zahvaljivali Bogu kada su se, usled snažnog zemljotresa, zatvorska vrata otključala (Apostolska djela 16:19-26).

Pretpostavite da ste i vi iz neopravdanih razloga patili kao ovi praoci vjere. Da li mislite da bi bili sposobni da se veselite i zahvaljujete iz dubina svog srca? Ako primjetite da postajete nervozni, ljuti ili plahoviti, morate da shvatite da ste daleko od kamena vjere. Ako doprete dalje od kamena vjere, vi ćete uvjek biti veseli i zahvalni iz sveg srca uprkos nevoljama i iskušenjima sa kojima se suočavate, zato što razumijete Božje proviđenje. Ako ste u bolovima zbog nepravednih stradanja, mora da postoji razlog za to stradanje. Ali zato što ste sposobni da uz pomoć Svetog Duha ukažete na razlog, vi možete da se radujete i budete zahvalni.

A šta je bilo sa Davidom, najvećim kraljem Izraela? Zbog pobune njegovog sina Avesaloma, kralj David je smaknut sa trona i izbjegao, i živio je bez hrane i doma. Pored abdikacije, Davida je kamenovao i psovao skromni siromašak po imenu Simej. Jedan od Davidovih slugu je upitao kralja da li da ubije Simeja, ali David je odbio njegov zahtjev govoreći: „*Ostavite ga neka psuje, jer mu je GOSPOD zapovjedio*" (2. Samuelova 16:11).

Šta više, David nikad nije izgovorio ni jednu riječ prigovora za vrijeme svojih muka. Čvrsto se pridržavao ljubavi i oslanjanja na Boga, i ostao čvrst u svojoj vjeri. Usred ovakvih iskušenja, David je mogao da piše prelijepe i smirujuće riječi hvale, kao što je ona koju nalazimo u Psalmu 23.

Na ovaj način, David je uvjek vjerovao da Bog radi za njegovo dobro, čak iako je bio na gubitku zbog iskušenja i nevolja, zato što je uvjek razumio volju Božju i zahvaljivao se Bogu i lio suze radosnice.

Nakon što je David prošao svoja iskušenja, postao je kralj koga je Bog sve više volio. Šta više, bio je sposoban da Izrael učini toliko moćnim da su susedne zemlje donosile danak Izraelu. Na ovaj način, kada je Bog video Davidovu vjeru, On je u svim djelima djelovao dobro za ovog kralja i davao mu je blagoslove.

Radosno se povinuj Gospodu sa najvišom ljubavi

Pretpostavimo da postoje čovjek i žena koji uskoro treba da se vjenčaju. Oni se toliko uzajamno vole da osjećaju da su spremni da se odreknu svog života, ako je potrebno, zbog voljenog ili voljene. Svako od njih želi da da sve što može onom drugom, i uvijek udovoljavaju jedno drugom čak i na sopstveni račun.

Oni žude da budu jedno sa drugim što je češće, duže i više moguće. Oni ne mare za hladno vrijeme čak i ako zajedno hodaju po snježnom putu ili burnom nevremenu. Oni ne osjećaju umor ili iscrpljenost čak i ako ostanu cijelu noć da razgovaraju jedno sa drugim telefonom.

Na isti način, ako volite Gospoda do najvećeg stepena kao što ovaj par koji uskoro treba da se vjenča voli jedno drugo, i imate nepromjenljivo srce za Njega, vi ćete biti na četvrtom nivou vjere. Onda, kako možete pokazati ljubav prema Njemu? Kako Gospod mjeri vašu ljubav prema Njemu?

Isus nam govori u Jevanđelju po Jovanu 14:21: *„Ko ima zapovjesti Moje i drži ih, on je onaj što ima ljubav k Meni; a koji ima ljubav k Meni imaće k njemu ljubav Otac Moj; i Ja ću imati ljubav k njemu, i javiću Mu se sam.“*

Vi treba da se povinujete Božjim zapovjestima ako Ga volite; ovo je dokaz vaše ljubavi za Gospoda. Ako vi Njega iskreno volite, Bog će zauzvrat voljeti vas i Gospod će biti sa vama i pokazaće vam dokaz da je sa vama. Nasuprot tome, ako se ne povinujete Njegovim zapovjestima, teško ćete da dobijete uslugu, odobrenje ili blagoslove od Boga.

Da li zaista volite Gospoda? Ako Ga volite, vi ćete se zasigurno povinovati Njegovim zapovjestima i služiti Njemu u duši i u istini. Vi nikada nećete biti sanjivi ili pospani dok slušate poruku. Kako se za vas može reći da volite nekoga ako zaspite dok vam on ili ona priča? Ako zaista volite svog partnera, i samo slušanje njegovog ili njenog glasa će biti izvor velike radosti.

Na isti način, ako iskreno volite Boga, vi ćete biti apsolutno srećni i radosni kada slušate Njegovu Riječ. Ako se osjećate pospano ili dosadno, jasno je da ne volite Boga. 1. Poslanica Jovanova 5:3 nas podsjeća: *„Jer je ovo ljubav Božija da zapovjesti Njegove držimo; i zapovjesti Njegove nisu teške. "*

Zaista, za one koji vole Boga, nije teško da se povinuju Božjim zapovjestima. Vi otuda možete potpuno da se povinujete Njegovim zapovjestima ako dostignete vjeru da iskreno volite Boga. Vi im se povinujete iz dubina vašeg srca, umjesto da im se povinujete nevoljno ili sa osjećajem opterećenosti.

Uz to, ako uđete u četvrti nivo vjere, vi se radosno povinujete svakoj Riječi Božjoj zato što Ga veoma volite Njega, baš kao što jedan partner želi da da drugom partneru sve što ovaj traži ili uradi sve što taj partner poželi.

Zli ne mogu da vam naude

Oni koji vole Gospoda do najviše tačke postaju potpuno posvećeni potpunim povinovanjem u Riječi, baš kao što nam 1.

Poslanica Solunjanima 5:21-22 govori: „*A sve kušajući dobro držite.; uklanjajte se od svakog zla.*"

Kako vas Bog nagrađuje kada ne samo što odbacujete sve grijehe boreći se protiv njih do tačke prolivanja krvi, već ste se otarasili i svakog zla? Kako On pokazuje dokaz da vas voli? Bog daje mnogo obećanja za blagoslov onima koji ispunjavaju svetost i čistotu zato što vas On nagrađuje kako ste posijali i uradili.

Prvo, kao što nam i 1. Poslanica Jovanova 5:18 govori: „*Znamo da nijedan koji je rođen od Boga, ne griješi, nego koji je rođen od Boga čuva se, i nečastivi ne dohvata se do njega,*" vi ćete biti rođeni od Boga. Vi ćete biti čovjek od duha kada više ne činite grijeh zato što strijemite da živite po Riječi Božjoj i odagnate grijehove boreći se protiv njih sve do tačke prolivanja krvi. Onda zli neprijatelj đavo ne može više da vam naudi zato što vas Bog čuva.

Sljedeće, 1. Poslanica Jovanova 3:21-22 obećava: „*Ljubazni, ako nam srce naše ne zazire, slobodu imamo pred Bogom; i šta god zaištemo, primićemo od Njega, jer zapovjesti Njegove držimo i činimo šta je Njemu ugodno.*" Vaše srce vas ne odaje kada ugađate Bogu ne samo povinovanjem Njegovim zapovjestima već i odbacivanjem svake vrste zla.

Vi imate samopouzdanje pred Bogom i dobijate od Njega sve što tražite baš kao što vam Bog obećava. On ne laže niti mijenja Svoje mišljenje; On ispunjava sve što govori i obećava (Brojevi 23:19). Otuda, On daje sve što potražite ako Ga volite do najvišeg stepena i postanete posvećeni.

Čak i kada sam bio samo početnik u vjeri, osjećao sam donekle razočarenje kada su poruke ili bogosluženja bili kratki, zato što sam želeo da znam više o Božjoj volji i da primim

Njegovu milost. Mogao sam da dostignem potpunu mjeru vjere za kratko vrijeme zato što sam dao sve od sebe da živim po Riječi čim sam je razumio.

Kao ishod, danas ja dajem na dar Bogu sve, čak i sopstveni život, koji ne štedim, sa svom svojom dušom i srcem i mislima, i živim samo po Riječi kako bih Njega volio do najvišeg stepena i udovoljio Mu. Mada Mu dajem sve što imam, uvjek želim da mogu da Mu dam još više. Moja žena i djeca su se takođe predali Gospodu svim svojim srcem pošto sam ih naučio da žive na ovaj način. Ako osjećate poteškoću u vođenju hrišćanskog života, vi treba da budete žedni Riječi Božje, pokušate da Ga obožavate u duši i u istini, i težite da živite samo po Riječi.

2. Vaša duša se razvija

Ljudi na četvrtom nivou vjere uvijek žive po Riječi, jer priznaju svim svojim srcem, zato što uvjek razmišljaju: „Šta treba da uradim da udovoljim Bogu?" a djela pokoravanja zasigurno prate priznanje vjere koja potiče iz njihovih srca. To je zato što oni vole Boga do najvišeg stepena.

On takvim ljudima obećava u 3. Jovanovoj Poslanici 1:2: *„Ljubazni! Molim se Bogu da ti u svemu bude dobro, i da budeš zdrav, kao što je tvojoj duši dobro. "* Šta znači da „tvojoj je duši dobro"? Koje vrste blagoslova su date?

Vaša duša se razvija

Kada je čovjek prvi put stvoren, Bog je udahnuo dah života u njega i on je postao živi duh. On je bio sačinjen od duha, prijeko kojeg je mogao da bude blizak sa Bogom; dušu koju kontroliše duh; tijelo u kome duša i duh borave i on je mogao da živi vječno kao živi duh (Postanak 2:7, 1. Poslanica Solunjanima 5:23).

Zato, onaj kome se duša razvija može da vlada nad svim stvarima i živi vječno baš kao što je i prvi čovjek Adam komunicirao sa Bogom i potpuno se povinovao Njegovoj volji.

Međutim, prvi čovjek Adam se nije pokorio komandi Božjoj i izgubio je sve blagoslove koje mu je Bog dao. Bog mu je zapovjedio: *„Jedi slobodno sa svakog drveta u vrtu; ali s drveta od znanja dobra i zla, s njega ne jedi; jer u koji dan okusiš s njega, umriječeš"* (Postanak 2:16-17). Adam se nije pokorio Božjoj zapovjesti i jeo je sa drveta spoznaje. Na kraju, njegov duh-prijeko kojeg je mogao da komunicira sa Bogom – umro je i on je bio otjeran iz Rajskog Vrta.

Ovde, reći: „njegov duh je umro" ne znači da je Adamov duh nestao već da je izgubio svoju pravu vrijednost. Duh treba da igra ulogu gospodara, ali mjesto duha je preuzela duša pošto je duh umro. Prvi čovjek Adam je kao živi duh komunicirao sa Bogom koji je Duh.

Ipak, Adamov duh je umro zbog njegove nepokornosti i kao ishod on nije mogao više da komunicira sa Bogom. Dakle, on je postao čovjek duše, koja je zauzvrat postala gospodar koji vlada nad njime umjesto njegovog duha.

„Duša" se odnosi na sistem pamćenja u mozgu i svaku vrstu memorije i misli pomoću kojih se uskladištena memorija reprodukuje. Čovjek duše znači da on više ne zavisi od Boga već se oslanja na ljudsko znanje i teoriju. Kroz stalan rad neprijatelja Satane nad čovječijim mislima – duši – nepravednost i zlo navaljuju na čovjeka i svijet je ispunjen zlom onoliko koliko ih je čovjek primio. Ljudi postaju sve više okaljani grijehovima i kvare jednu generaciju za drugom.

Prvi čovjek Adam, i kao čovjek duha i kao gospodar svih stvari, uživao je u vječnom životu zato što je njegov duh služio kao njegov gospodar i mogao je da komunicira sa Bogom. Kada je kroz njegovu nepokornost tama probila njegovo srce koje je bilo ispunjeno samo istinom, njegovo srce je postepeno palo pod kontrolu neprijatelja Satane, vladara sila tame.

Kao ishod, potomci neposlušnog Adama su postali ništa bolji od životinja koje su načinjene od duše i tijela bez duha. Oni su počeli da žive u svakojakoj neistini kao što je laž, preljuba, mržnja, ubistvo, zavist i ljubomora, u svemu što je protivno Riječi Božjoj (Knjiga Propovijednika 3:18).

Uprkos tome, Bog ljubavi otvorio je put spasenja kroz Njegovog Sina Isusa Hrista, i dao je kao poklon Svetog Duha svakome ko je prihvatio Isusa Hrista kako bi njegov umrli duh mogao da oživi. Ako neko primi Svetog Duha kao poklon prihvatajući Isusa Hrista, njegov umrli duh oživljava. Šta više, ako dopusti da Sveti Duh rodi duh u njemu, on postepeno postaje čovjek duha.

Takav pojedinac može da uživa sve blagoslove na način na koji je prvi čovjek Adam to radio kao živi duh zato što njegova duša napreduje, što znači da njegov duh postaje gospodar, a njegova duša se sada povinuje duhu. Ovo je proces rasta vaše vjere i proces napredovanja vaše duše.

Vi ste u prvom nivou vjere ako prihvatite Isusa Hrista i primite Svetog Duha. Vi tada možete da stojite na kamenu vjere i živite samo po Riječi kroz strašan rat između vašeg duha koji prati želju Svetog Duha, i vaše duše koja prati želju griješne prirode. Ako dostignete četvrti nivo vjere, vi postajete sveti i ličite na Gospoda zato što vaš duh postaje vaš gospodar.

Vaš duh kontroliše vašu dušu

Kada vaš duh upravlja vašom dušom kao gospodar i vaša duša se povinuje rukovođenju vašeg duha kao sluga, kaže se: „vaša duša se razvija." Onda ćete prirodno početi da ličite na srce i stav Gospoda, kao što nam Poslanica Filipljanima 2:5 govori: *„Jer ovo da se misli među vama šta je i u Hristu Isusu. "*

Kada vaš duh rukovodi vašom dušom, Sveti Duh rukovodi vašim srcem 100% zato što Božja Riječ istine kontroliše vaše srce i kao rezultat, vi se više ne oslanjate na vaše misli. Drugim riječima, vi možete potpuno da se povinujete Riječi Božjoj zato što ste uništili sve vrste tjelesnih misli i umjesto toga vaše srce postaje sama istina.

Na ovaj način, kada postanete čovjek duha i rukovođeni ste Svetim Duhom, vi možete da pobjegnete svim vrstama nevolja ili iskušenja i možete biti oslobođeni od opasnosti u bilo kojim okolnostima. Na primjer, čak i ako se desi prirodna katastrofa ili neočekivana nesreća, vi ćete unaprijed čuti glas Svetog Duha koji vas budi da pobjegnete sa tog mjesta i ostanete na sigurnom.

Tako, kada vaša duša napreduje, vi povjeravate sve vaše puteve Bogu pokornog srca. On onda upravlja vaše srce i misli, vodi sve vaše puteve, i blagoslovi vas dobrim zdravljem.

U ovome Knjiga Ponovljenih Zakona 28 navodi sljedeće:

„I doći će na te svi ovi blagoslovi, i steći će ti se, ako uzaslušaš glas GOSPODA Boga svog: „Blagosloven ćeš biti u gradu, i blagosloven ćeš biti u polju. Blagosloven će biti plod utrobe tvoje, i plod zemlje tvoje i plod stoke tvoje, mlad goveda tvojih i stada ovaca tvojih. Blagoslovena će biti kotarica tvoja i naćve tvoje. Blagosloven ćeš biti kad dolaziš i blagosloven ćeš biti kad polaziš" " (Knjiga Ponovljenih Zakona 28:2-6).

Zato, oni koji se povinuju Riječi Božjoj zato što njihova duša napreduje neće dobiti samo vječni život u Raju, već će uživati i u svim vrstama blagoslova u zdravlju, materijalno, i potomstvu čak i na ovom svijetu.

Sve može biti dobro za vas

Josif, sin Jakovov, bio je stavljen u očajnu situaciju: njegova rođena braća su ga prodali kada je bio mlad i bio je odveden u Egipat, i tamo nečasno zatvoren a da on sam nije ništa pogriješno uradio.

Uprkos teškoj situaciji, Josif nije bio obeshrabren već se predao vodstvu svemogućeg Boga. Zahvaljujući njegovoj velikoj vjeri, Bog je Sam rukovodio svim stvarima za Josifa i spremao sve što mu je bilo potrebno. Kao ishod, sve se dobro odvijalo po Josifa i on je bio veoma dobro nagrađen tako što je postao premijer Egipta.

Dakle, iako je u mladosti Josif bio odveden u Egipat i tamo bio rob nekom Egipćaninu, na kraju on je rukovodio Egiptom i mogao je da spasi i svoju porodicu i ljude Egipta od sedmogodišnje suše. Pored toga, on je bio utemeljivač narodu Izraela da tamo žive.

Danas na zemlji postoji više od šest milijardi ljudi. Među njima, više od milijarde vjeruje u Isusa Hrista. Ako među tom milijardom hrišćanske populacije ima Božje djece koja su nevina i neokaljana, koliko bi ih On voleo! On je sa njima uvjek i svuda ih blagoslovi. Kada ih očekuju poteškoće, On će natjerati njihova srca da izbjegnu te poteškoće ili ih voditi da se mole. Vodeći ih da se mole, Bog prima njihove molitve i otklanja te poteškoće zato što je On pravedan Bog.

Prije nekoliko godina, bio sam pozvan da govorim na Evangelistilčkoj konferenciji u Los Anđelesu (Los Angeles). Prije mog odlaska, osjetio sam jak Božji podstrek da se molim za tu konferenciju, tako da sam se dvije nedelje koncentrisao na molitvu za konferenciju u planinskoj isposnici. Nisam znao zašto me je Bog tako jako tjerao da se molim za tu konferenciju sve dok nisam stigao u Los Anđeles.

Neprijatelj Satana i đavo su huškali zle ljude da spriječe održavanje konferencije, i događaj je bio skoro na rubu poništenja. Nakon dobijanja moje molitve i molitve članova moje crkve, Bog je unaprijed uništio njihove lukave planove.

Tako, u vrijeme kada sam stigao u Los Anđeles, našao sam sve spremno za konferenciju, koju sam mogao da održim uspješno bez poteškoća. Uz to, mogao sam da dam veliku slavu Bogu kroz mogućnost da objavim blagoslov gradskoj vjećnici Los Anđelesa i, kao prvi Korejanac, sam od vlade okruga Los Anđelesa proglašen počasnim građaninom.

Na ovaj način, onaj kome duša napreduje sve povjerava Bogu. Kada povjerite sve stvari u molitvi bez da zavisite od vaših misli, želje ili plana, Bog nadzire vaš um i vodi vas tako da se sve odvija dobro po vas.

Čak iako se suočite sa nevoljom, Bog u svim stvarima djeluje za vaše dobro kada dajete zahvalnost Bogu čak i pred teškom situacijom zato što čvrsto vjerujete da vam Bog to dozvoljava po Njegovoj volji. Ponekad se možete suočiti sa nevoljom kada nešto uradite po sopstvenom iskustvu ili mislima bez da zavisite od Boga, ali čak i tada, Bog vam odmah pomaže kada shvatite svoju griješku i pokajete se.

Potpuno kontrolisani Svetim Duhom

Ako stojite na kamenu vjere, sve vrste sumnji vas napuštaju i vi počinjete da čvrsto vjerujete u to da je Bog živ i u Njegova djela kao što je Gospodovo vaskrsnuće i povratak, stvaranje nečega od ničega, i Njegov odgovor na vašu molitvu.

Dakle, u svim iskušenjima i nevoljama, vi možete samo da se radujete, molite i zahvaljujete Bogu zato što nikad ne sumnjate u nevjericu. Bez obzira na to, Sveti Duh ne kontroliše još uvjek vaše srce 100% zato što niste dostigli punu mjeru posvećenosti. Ponekad ne možete precizno da kažete da li je ono što čujete glas Svetog Duha, i postajete zbunjeni zato što su tjelesne misli i dalje u vama.

Na primjer, dok se molite za pokretanje nekog posla, slučajno nađete određeni posao i počnete da ga vodite, misleći da je to Božji odgovor na vašu molitvu. Na početku, posao se čini uspješnim, a kasnije postaje sve gore i gore. Onda shvatite da niste čuli glas Svetog Duha, već ste se umjesto toga oslonili na sopstvene misli.

Zato, oni koji stoje na kamenu vjere su u većini slučajeva uspješni zato što razumiju istinu i žive po Riječi ali još nisu savršeni u vjeri pošto nisu ušli na nivo u kome mogu kompletno da povjere sve stvari Bogu i oslone se samo na Njega.

Kakvi su ljudi na četvrtom nivou vjere? Ako ste na četvrtom nivou vjere, vaše srce se već pretvorilo u istinu, vaš život je u skladu sa Riječi Božjom, i istina je objedinjena u vašem tijelu i srcu. Vaše srce je pretvoreno u duh i onda vaš duh potpuno rukovodi vašom dušom. Dakle, vi više ne živite shodno vašim mislima zato što sada Sveti Duh rukovodi vašim srcem 100%. Onda možete da napredujte u svemu što radite zato što vas Bog vodi kada se Njemu povinujete dok sledite rukovođenje Svetog Duha.

Kada ste se već molili da postignete nešto, možete biti vođeni na put naprijetka i uspjeha bez da napravite griješku tako što ćete uporno čekati sve dok vas Sveti Duh nadgleda 100%. Knjiga Postanka 12 podsjeća nas da se Avram povinovao i napustio rodnu zemlju čim mu je Bog zapovjedio mada nije znao gde treba da ide. Međutim, zbog njegove pokornosti Božjoj volji, on je bio blagosloven da postane praotac vjere i prijatelj Božji.

Zato, vi nemate zašto da brinete kada Bog upravlja vašim načinom života. Možete da uživate u blagoslovima u svem svome životu ako vjerujete i sledite Njega zato što je svemogući Bog sa vama.

Savršena djela pokornosti

Ako uđete u četvrti nivo vjere, vi se radosno povinujete svim zapovjestima zato što volite Boga do najvišeg stepena. Vi Mu se ne pokoravate nevoljno ili silom već se povinujete slobodno i radosno iz dubine vašeg srca zato što Ga volite.

Dozvolite mi da uzmem jedan primjer kako bih vam pomogao da bolje razumijete ovo. Pretpostavimo da ste vi u velikom dugu. Ako ne uspijete da odmah isplatite dugovanje, vi treba da budete kažnjeni po zakonu. Još gore, recimo da je jednom od članova vaše porodice potrebna hitna operacija. Vi ćete se rastužiti ako nemate novac u ovako strašnoj situaciji.

Kako ćete, onda, reagovati ako slučajno nađete veliki komad dijamanta na ulici? Vaš odgovor će varirati saglasno sa mjerom vaše vjere.

Ako ste na prvom nivou vjere da jedva primite spasenje, vi ćete možda misliti: „Sa ovim, ja mogu da otplatim sav moj dug i platim bolničke troškove." Ovo je zato što još ne znate dobro Riječ Božju. Vi ćete pogledati naokolo da vidite da li ima nekoga i podići ga ako nema nikoga.

Ako ste na drugom nivou vjere na kome pokušavate da živite po Riječi, možda ćete imati duhovni rat između želje griješne prirode, govoreći: „Ovo je Božji odgovor na moju molitvu," i želje Svetog Duha, govoreći: „Ne, ovo je krađa. Moraš da ga vratiš vlasniku."

Najprije ćete možda oklijevati i premišljati da li da ga uzmete ili da ga odnesete u policiju, ali ćete ga na kraju staviti u džep zato što je prisustvo zla jače od prisustva dobra u vama. Da nemate dug ili niste u takvoj strašnoj situaciji, možda bi oklijevali na momenat ali bi ga odnijeli u policiju. Međutim, zlo u vama može na kraju da pobjedi dobro zato što se nalazite u beznadežnoj situaciji.

Sljedeće, ako ste na trećem nivou vjere ili stojite na kamenu vjere, prateći želju Svetog Duha, vi ćete odneti dijamant u policiju zato što želite da ga vratite njegovom vlasniku. Bez obzira na to, možda će vam u srcu nedostajati dragulj, pa ćete misliti: „Mogao sam da otplatim cio dug i da platim operaciju!" Dakle, vaše djelo još nije savršeno zato što želja neistine još uvijek ostaje u vama na ovaj način.

Kako bi se ponašali u tako škakljivoj situaciji ako ste na četvrtom nivou vjere? Vi nikada ne mislite o vašoj sopstvenoj želji čak i na pogled na tako skup dragulj zato što nemate neistinu u vašem srcu i takva vrsta zle ideje nikada vam ne pada na pamet.

Umjesto toga, osjećate žalost prema vlasniku, misleći: „Koliko mu je slomljeno srce! Kladim se da ovo traži svuda. Odneću ga u policiju odmah!" Učinićete kako mislite i odneti ga u policiju.

Na ovaj način, ako volite Gospoda do najvišeg stepena i na četvrtom nivou vjere ste, vi se uvijek povinujete zakonu Božjem bez obzira da li vas neko vidi ili ne zato što vaš život poštuje zakon. U ovoj situaciji, nepotrebno je da pokušavate da razlikujete glas Svetog Duha od svega drugog, kao što su vaše griješne misli.

Prije nego što stanete na kamen vjere, mnogo puta sebe nalazite u poteškoćama zato što nije lako da razlučite vaše sopstvene misli od glasa Svetog Duha. Čak iako stojite na kamenu vjere, možda nećete moći da kompletno odvojite prvo od ovog docnijeg.

Međutim, jednom kada dostignete mjeru vjere četvrtog nivoa, nemate razloga da osjećate tegobu i vi samo treba da sledite glas Svetog Duha zato što On rukovodi i kontroliše vaše srce i misli 100%.

Šta više, kada ste na četvrtom nivou vjere, vi se ne oslanjate na ljudske misli, mudrost ili iskustvo već vas Gospod vodi u svem vašem životu. Kao rezultat, možete da uživate u blagoslovima „Jehovahjireha" (GOSPOD Će Se Postarati) i sve će se dobro odvijati po vas.

3. Bezuslovno voljeti Boga

Ako ste na četvrtom nivou vjere, vaša ljubav prema Bogu je bezuslovna. Vi propovijedate Jevanđelje ili savjesno radite djela Božja zato što, bez ikakvog očekivanja da dobijete blagoslove ili odgovore od Boga, jednostavno vkerujete da je vaša dužnost da činite tako. Isto je i kada služite vašim komšijama požrtvovanom ljubavlju. Vi to činite bez očekivanja ikakvog uzvratnog plaćanja od njih zato što mnogo volite njihove duše.

Da li roditelji traže od njihove djece da im plate za njihovu ljubav? Oni to nikad ne čine; ljubav je davati. Roditelji su jednostavno radosni i zahvalni na činjenici da imaju djecu koju vole. Ako ima roditelja koji žele da im se njihova djeca pokore ili podižu svoju djecu samo da bi se hvalili, oni očekuju otplatu za svoju ljubav.

Slično, djeca ne žele ništa zauzvrat od svojih roditelja ako vole svoje roditelje iskrenim srcem. Kada obave svoje dužnosti i daju sve od sebe da udovolje svojim roditeljima, roditelji su natjerani da razmišljaju: „Šta da im dam?"

Isto tako, ako dostignete mjeru vjere na kojoj volite Gospoda do najvišeg stepena, i sama činjenica da ste dobili milost spasenja je dovoljna da vas vodi da zahvaljujte Bogu, i vi zato osjećate da nema načina da uzvratite Njegovu milost i ne možete a da ne volite istinu i Boga bezuslovno.

Zato, ako imate vjeru da volite Boga bez ijednog uslova, dobijate da se molite, radite, i služite danju i noću za kraljevstvo Božje i Njegovu pravednost, i ne očekujete nikakvu nadoknadu za to.

Voljeti Boga sa neprevrtljivim srcem

U Djelima Apostolskim 16:19-26 postoje Pavle i Silo koji, čak iako su činili dobro kao što je propovijedanje jevanđelja nejevrejima i isterivanje demona iz njih, bili su uhvaćeni i odvučeni na pijacu od strane zlih ljudi. Tamo su ih skinuli, brutalno šibali i bacili u zatvor. Bili su stavljeni u unutrašnju ćeliju sa okovima na stopalima. Da ste vi na njihovom mjestu, šta biste uradili?

Ako ste na prvom ili drugom nivou vjere, možda se žalite ili mumlate: „Bože, da li si Ti zaista živ? Mi smo vjerno radili za tebe sve do sada. Ali zašto si dozvolio da budemo zatvoreni?"

Na trećem nivou vjere vi nikada nećete izgovoriti takve riječi, ali se možda molite u pomalo depresivnijem tonu: Bože, vidio si nas ovako ponižene dok smo propovijedali Jevanđelje za tebe. Sve ovo je mnogo bolno. Molim te izlječi nas i oslobodi nas!"

Pavle i Silo su, međutim, zahvaljivali Bogu i pjevali Mu hvale čak iako su bili u beznadežnoj i strašnoj situaciji, i nisu imali ideju šta će se desiti sa njima. Neočekivano, jak zemljotres je uzdrmao temelje zatvora. Odjednom, sva zatvorska vrata su se širom otvorila i svi su se oslobodili lanaca. Pored ovog čuda, tamničar i njegova porodica su prihvatili Jevanđelje Isusa Hrista i primili su spasenje.

Dakle, ljudi na četvrtom nivou vjere mogu da daju slavu Bogu u trenutku zato što imaju jaku vjeru sa kojom mogu da se mole i slave Boga radosno u svim iskušenjima i nevoljama.

Radosno se povinovati svemu

U Knjizi Postanka 22, Bog je zapovjedio Avramu da žrtvuje svog jedinog sina Isaka, sina koga je Bog obećao, kao žrtvenu paljenicu za Njega. Žrtvena paljenica se odnosi na žrtvu ponuđenu Bogu tako što se životinja isječe na komade, dijelovi se stave na složena drva na oltaru i spale se.

Avramu je trebalo tri dana da dođe do oblasti Morija, gde je trebalo da žrtvuje svog sina Isaka kao žrtvenu paljenicu u pokoravanju Božjoj komandi. Šta mislite, šta je bilo u njegovim mislima tokom trodnevnog putovanja?

Neki ljudi dokazuju da je Avram otišao tamo sa konfliktom u svojim mislima: „Treba li da Mu se povinujem ili ne?" Ipak, to nije bio slučaj. Morate znati da ljudi na trećem nivou vjere pokušavaju da vole Boga zato što znaju da treba da vole Boga.

Ipak, ljudi u četvrtom nivou vjere jednostavno vole Njega, bez da pokušavaju da Ga vole. Bog je unaprijed znao da će Mu se Avram sa radošću povinovati i testirao je njegovu vjeru. Ipak, On ne dozvoljava tako teško iskušenje ljudima koji nisu sposobni da Mu se povinuju.

Zbog toga Poslanica Jevrejima 11:19 komentariše da: *„Pomislivši da je Bog kadar i iz mrtvih vaskrsnuti; zato ga i* *uze za priliku.*" Avram je mogao radosno da se povinuje Njegovoj zapovjedi zato što je vjerovao da Bog može vaskrsnuti njegovog sina iz mrtvih. Na kraju, Avram je prošao test vjere i dobio je nevjerovatan blagoslov. On je postao praotac vere, blagoslov svih nacija, a zvali su ga i Bogov „prijatelj."

Ako ste takva osoba koja se sa radošću povinuje Bogu, vi ćete uvijek biti radosni i zadovoljni u svakom iskušenju i nevolji. Vi ne možete ništa osim da zahvalite Bogu iz dubina vašeg srca i molite se zato što znate da Bog u svemu radi za vaše dobro i daje vam blagoslove kroz ta iskušenja i proganjanje.

Bog je zadovoljan vjerom i daje vam sve što tražite. Zbog toga nam Isus govori u Jevanđelju po Mateju 8:13: „*I kako si vjerovao neka ti bude,*" i u Jevanđelju po Mateju 21:22: „*I sve što uzištete u molitvi vjerujući, dobićete.*"

Ako još imate neki neodgovoreni molitveni zahtev, to dokazuje da Mu niste potpuno vjerovali već ste sumnjali. Zato, vi treba da dostignete nivo da volite Boga bezuslovno pokoravajući Mu se radosno iz srca pod bilo kojim okolnostima.

Zagrliti sve sa ljubavlju i milošću

Šta ćete vi uraditi ako vas neko krivi i optužuje bez ikakvog razloga? Ako ste vi na drugom nivou vjere, vi nećete moći da izdržite i bunićete se ili se svađati oko toga. Pored toga, ako imate još nepobožnosti u svijesti, vi ćete se razljutiti i možda ga izvrijeđati. Kako bilo, nije ispravno za Božje vjernike da pokazuju bilo koju vrstu zla kao što je ljutnja, plahovitost ili uvredljiv govor, kao što je rečeno u 1. Petrovoj Poslanici 1:16: „*Budite sveti, jer sam ja svet.*"

Ako ste na trećem nivou vjere, kako ćete reagovati? Osjećate se bolno i nelagodno zato što Satana neprestano radi u vašim mislima. Ovo je zato što, čak i kad mislite da treba da budete veseli, vama manjka zahvalnost i radost koje nadolaze iz vašeg srca.

Ako ste na četvrtom nivou vjere, vaša svijest nije poljuljana i ne osjećate se uznemirenom čak iako vas drugi možda mrze ili vas proganjaju bez razloga, zato što ste već otjerali iz sebe svaku vrstu zla.

Isus se nije osjećao mučno ili bolno mada se suočio sa progonom, opasnošću, nemilošću i stalnim pretnjama ljudi dok je propovijedao jevanđelje. On nikad nije rekao nešto kao: „Ja sam samo činio dobra djela, ali bezbožni ljudi su me proganjali i čak pokušali da me ubiju. Ja sam veoma žalostan." On im umjesto toga nije rekao ništa drugo nego riječ koja daje život.

Ako ste na četvrtom nivou vjere, vi ličite na srce Gospodnje. Sada vi žalite one koji vas proganjaju i molite se za njih umjesto da ih mrzite ili osjećate neprijateljstvo prema njima. Vi im opraštate i razumijete ih, grleći ih sa ljubavlju i milosrđem.

Zbog toga, ja se nadam da vi razumijete da se u istim situacijama, ljudi koji su ljutiti ili mrze druge osjećaju bolno i depresivno dok oni koji opraštaju i prihvataju u zagrljaj druge s ljubavlju i milosrđem ne osjećaju bol, i zlo nadvladavaju dobrotom.

4. Nad svim voljeti Boga

Ako dostignete nivo da volite Gospoda do krajnjeg stepena,

vi se potpuno povinujete zapovjestima i vaša duša dobro napreduje. Za vas je prirodno da volite Boga iznad svega. Zbog toga je apostol Pavle priznao u Poslanici Filipljanima 3:7-9 da on računa kao gubitak sve što je imao i da je sve stvari izgubio zato što ih je smatrao za „tričarije":

No šta mi bješe dobitak ono primih za štetu Hrista radi. Jer sve držim za štetu prema prevažnom poznanju Hrista Isusa Gospoda svog, kog radi sve ostavih, i držim sve da su trice, samo da Hrista dobijem, i da se nađem u Njemu, ne imajući svoje pravde koja je od Zakona, nego koja je od vjere Isusa Hrista, pravdu koja je od Boga u vjeri.

Kada volite Boga iznad svega ostalog

Isus nas uči u Četiri Jevanđelja o vrstama blagoslova datih onima koji odbacuju sve što imaju i vole Boga iznad svega kao što je apostol Pavle činio. On nam obećava u Jevanđelju po Marku 10:29-30 da će im On dati sto puta onoliko blagoslova na ovom svijetu, a na onom svijetu život vječni.

Zaista vam kažem, nema nikoga koji je ostavio kuću, ili braću, ili sestre, ili oca, ili majku, ili ženu, ili djecu, ili zemlju, Mene radi i jevanđelja radi, a da neće primiti sad u ovo vrijeme sto puta onoliko kuća, i braće, i sestara, i otaca, i majki, i djece, i zemlje, u progonjenju; a na onom svijetu život vječni.

Izraz „ostaviti kuću, ili braću, ili sestre, ili oca, ili majku, ili ženu, ili djecu, ili zemlju, Mene radi i jevanđelja radi" duhovno znači da vi više ne želite ovakve zemaljske stvari, raskidate tjelesne veze, i iznad svega volite Boga koji je Duh.

Naravno, to što prvo volite Boga ne mora da znači da ne volite druge ljude. U ovome nam 1. Jovanova Poslanica 4:20-21 govori: *„Ako ko reče: „Ja volim Boga", a mrzi svog brata, lažov je; jer koji ne voli brata svog, koga vidi, ne može voljeti Boga koga nije video. I ovu zapovjest imamo od Njega: Koji ljubi Boga da ljubi i brata svog. "*

Ljudi kažu da roditelji rađaju tijelo svoje djece. Čovjek se formira u materici kombinacijom sjemena oca i jajne ćelije majke. Međutim, sjeme i jajnu ćeliju roditelja je napravio Bog Stvoritelj, ne sami roditelji.

Štaviše, vizuelno tijelo postaje šačica prašine poslije smrti. Tijelo je u stvari samo kuća u kojoj duh i duša borave. Istinski gospodar čovječji je duh, a Lično Bog kontroliše duh. Dakle, mi treba da volimo Boga iznad svega ako shvatamo da nam samo Bog može podariti istinski život, vječni život i Nebo.

Ja sam bio na pragu smrti zato što sam sedam godina patio od raznih vrsta neizlječivih bolesti. Čudom sam bio kompletno izlječen kada sam sreo živog Boga. Od tog vremena, ja sam volio Njega više od svega i On mi je uzvratio mnogim blagoslovima.

Iznad svega, bili su mi oprošteni svi moji grijehovi i primio sam spasenje i vječni život. Uz to, sve mi je krenulo dobro i ja sam uživao u dobrom zdravlju kako je moja duša napredovala. Kasnije me je Bog pozvao da kao Njegov sluga ispunim svjetsku misiju i dao mi snagu.

On mi je otkrio stvari koje će tek da dođu. On mi je takođe poslao mnogo dobrih svještenika i vjernih crkvenih radnika i dozvolio mojoj crkvi da stupnjevito povećava veličinu, tako da mogu da dostignem Božje proviđenje.

U međuvremenu, on me je blagoslovio da me vole i članovi crkve i nevjernici. On je vodio moju porodicu da voli Njega više svega i od svih, i od kad su prihvatili Gospoda, kompletno ih je zaštitio od svih vrsta bolesti i nesreća, tako da niko od njih nije uzeo ni jedan lijek ili bio hospitolizovan. Ovako, On me je toliko blagoslovio da mi ništa ne nedostaje.

Ispunjavanje duhovne ljubavi

Ako volite Boga više od svega, vi živite u izobilju zato što vas on vodi pod svim okolnostima i istinska sreća u potpunosti dolazi odozgo u vaše srce.

Kao rezultat, vi djelite tu bujnu ljubav sa drugima zato što vas je duhovna ljubav prekrila. Vi možete da volite sve ljude sa vječno nepromjenljivom ljubavlju zato što u vašoj svijesti uopšte nema zla.

Duhovna ljubav je detaljno objašnjena u 1. Poslanici Korinćanima 13:4-7:

Ljubav dugo trpi, milokrvna je; ljubav ne zavidi; ljubav se ne veliča, ne nadima se; ne čini šta ne valja, ne traži svoje, ne srdi se, ne misli o zlu, ne raduje se nepravdi, a raduje se istini; sve snosi, sve vjeruje, svemu se nada, sve trpi.

Danas, ima konflikta, neslagnja, i diskusija u ovom svijetu i svađa između muža i žene ili među članovima porodice u mnogim domovima, zato što nema duhovne ljubavi u njima. Uvjek ima sukoba i oni ne mogu da izgrade i održe lijep i miran dom zato što svako brani svoje pravo da je on ili ona u pravu i samo želi da bude voljen.

Međutim, kada ljudi počnu da vole Boga iznad svega, oni dostižu duhovnu ljubav time što odbacuju tjelesnu ljubav. Tjelesna ljubav je prevrtljiva i sebična dok duhovna ljubav poniznog uma stavlja druge na prvo mjesto i teži tuđoj koristi prije nego svojoj. Ako imate ovu duhovnu ljubav, vaš dom će zasigurno biti ispunjen srećom i harmonijom.

Kao što je čest slučaj, proganjaju vas članovi vaše porodice ili prijatelji koji ne vjeruju u Boga onda kada počnete da volite Boga (Jevanđelje po Marku 10:29-30). Ipak, to ne traje dugo. Ako vaša duša dobro napreduje i vi dostignete četvrti nivo vjere, proganjanje se pretvara u blagoslove i progonitelji počnu da vas vole i poštuju.

2. Poslanica Korinćanima 11:23-28 objašnjava koliko silno je Apostol Pavle bio proganjan dok je propovijedao Jevanđelje za Gospoda. On je mnogo više radio za Boga od ostalih, bio je češće zatvaran, šiban mnogo brutalnije, i izložen smrti ponovo i ponovo. Ipak, Pavle je zahvaljivao i bio je radostan umjesto da je osjećao ljutnju.

Prema tome, ako dostignete četvrti nivo vjere na kome volite Boga više od svega, čak iako trba da hodate kroz dolinu sijenki smrti, to mjesto može biti Raj i proganjanje se uskoro mijenja u blagoslove zato što je Bog sa vama.

U Jevanđelju po Mateju 5:11-12 Isus nam govori: „*Blago*

vama ako vas uzasramote i usprogone i kažu na vas svakojake rđave riječi lažući, Mene radi. Radujte se i veselite se, jer je velika plata vaša na Nebesima, jer su tako progonili proroke prije vas. "

Zato, vi morate da razumijete da ako nevolje i iskušenja dođu na vas zbog Gospoda, kada ste veseli i drago vam je, nećete samo primiti Božju ljubav, zahvalnost i nagradu u Raju već ćete takođe dobiti sto puta više u sadašnjem životu.

Plodovi Svetog Duha i blaženstvo

Kada dostignete četvrti nivo vjere, vi ćete obilno gajiti devet plodova Svetog Duha i Blaženstvo će doći na vas. Poslanica Galaćanima 5:22-23 nam govori o devet plodova Svetog Duha: *„A rod je duhovni ljubav, radost, mir, trpljenje, dobrota, milost, vjera, krotost, uzdržanje; na to nema zakona. "*

Plod Svetog Duha je ljubav Isusa Hrista koja daje vodu neprijatelju kada je žedan i hrani ga kada je gladan. Kada gajite plod radosti, pravi mir i sreća dolaze na vas zato što strijemite i pravite samo dobrotu i ljepotu. U miru ste i sa svim ljudima u svetosti kada gajite plod mira.

Uz to, vi se stalno molite zahvalni i radosni sa plodom strpljenja čak iako se sretnete sa patnjom i iskušenjima. Sa plodom ljubaznosti, vi praštate neoprostive stvari i ljude, razumete stvari koje ne možete razumeti, i brinete o drugima kako bi oni postali uspješniji od vas. Sa plodom dobrote, vi odbacujete sve vrste zla, težite prelijepoj dobroti, i niti zanemarujete niti povređujete osjećanja drugih ljudi.

Sa plodom vjernosti, vi se potpuno povinujete Riječi Božjoj i vjerni ste Gospodu sve do tačke davanja svog života zato što žudite sa krunom života. Sa plodom nežnosti koji je mekan kao pamuk, možete da okrenete vaš lijevi obraz kad vas neko ošamari po desnom obrazu, i zagrlite svakoga sa ljubavlju i milošću.

Konačno, sa plodom uzdržanja, vi slijedite Bogom dani red bez tvrdoglavosti i pristrasnosti, i ispunjavate volju Božju na lijep i harmoničan način.

Uz to, videćete da se Blaženstva, opisana u Jevanđelju po Mateju 5, koja su neprolazna, nepromenljiva i vječna, počinju da dolaze na vas.

Kada obilno gajite plodove Svetog Duha i Blaženstva dođu na vas na ovaj način, vi ste veoma blizu četvrtog nivoa vjere na kome ćete biti vođeni u napredak i biće vam date stvari koje imate samo u mislima.

Kako bi stigli do vrha planine, vi morate da se penjete na planinu korak po korak. Na vrhu, vi se osjećate prilično osvježeno i radosno iako je put bio veoma naporan. Poljoprivrednici rade veoma naporno jer se nadaju obilnoj berbi zato što veruju da mogu da naberu onoliko koliko su se znojili. Na isti način, mi možemo da beremo blagoslove koje nam je Bog obećao u Bibliji kada živimo i istini.

Da imate vjeru da volite Boga iznad svega tako što ćete odbaciti vaše grijehove revnosnom borbom protiv njih i životom po volji Božjoj, i ime našeg Gospoda ja se molim!

Vjera da udovoljite Bogu

„Ljubazni, ako nam srce naše ne zazire,

slobodu imamo pred Bogom;

i šta god zaištemo, primićemo od Njega,

jer zapovjesti Njegove držimo

i činimo šta je Njemu ugodno."

(1. Poslanica Jovanova 3:21-22)

Roditelji su puni sreće i ponosa na svoju djecu kada ih slušaju, poštuju i vole iz dubina njihovih srca. Roditelji ne daju ovakvoj djeci samo ono što im potraže, nego ispitujući njihove potrebe pokušavaju da im daju čak i ono što samo žele u njihovim srcima, a ne traže.

Isto tako, kada se povinujete i udovoljavate Bogu, vi ćete dobiti od Njega ne samo ono što tražite, već i ono što želite u srcu zato što je Bog veoma zadovoljan vašom vjerom i voli vas. Zaista, ništa nije nemoguće kada imate takav odnos sa Njime.

Sada, dozvolite nam da se udubimo u vjeru koja udovoljava Bogu i načine kojima možemo da je dostignemo.

1. Peti nivo vjere

Vjera da se udovolji Bogu je veća od vjere da se voli Bog iznad svega. Šta, je onda, vjera da se udovolji Njemu? Okolo nas, vidimo djecu koja iskreno vole svoje roditelje, pokoravaju se roditeljskoj volji shvatajući roditeljsko srce u svemu. Šta više, samo onda kada možete da razumijete dimenziju ljubavi u kojoj možete udovoljiti roditeljima, možete da razumijete i vjeru koja godi Bogu.

Kakva vrsta ljubavi može ugoditi Bogu?

U Korejanskim bajkama, ima poslušnih sinova, ćerki ili snaja čiji je čin ljubavi godio roditeljima i čak ganuo Nebesa. Na primjer, jedna priča je o sinu koji je brinuo o staroj majci koja je bila bolesna u krevetu. On je učinio sve napore, uzalud, da njegova majka ozdravi.

Jednog dana, sin je čuo da bi njegova stara, bolesna majka mogla da se izlječi ako pije krv iz njegovog prsta. Sin je rado isjekao svoj prst i dao joj da pije njegovu krv. Onda se njegova majka uskoro oporavila. Naravno, ne postoji medicinski dokaz da ljudska krv može da revitalizuje bolesnu osobu. Međutim, njegova požrtvovana ljubav i iskrenost ganule su Boga i On mu je podario milost, baš kao što jedna Korejanska poslovica kaže: „Iskrenost može da gane Raj."

Postoji još jedna dirljiva priča o sinu koji brine za svoje bolesne roditelje. On je otišao duboko u planinu usred zime, probijajući se kroz iznad kolena duboki sneg, da iskopa rijetku, tajanstvenu lijekovitu biljku i plod, za koje se govorilo da su dobre za njegove bolesne roditelje.

Ima i još jedna priča o mužu i ženi koji su vjerno služili svojim roditeljima dobru hranu svaki dan, iako su njih dvoje i njihova djeca često gladovali.

Šta je sa ljudima iz našeg vremena? Ima onih koji kriju ukusnu hranu kako bi mogli da nahrane svoju djecu ali služe roditeljima oskudno i sa odbojnošću. Nikad ne bi rekli da je to ljubav u pravom smislu ako obasipaju ljubavlju svoju djecu ali zaboravljaju na roditeljsku milost i ljubav. Oni koji iskreno vole svoje roditelje služiće im dobru hranu, i možda čak pokušati da sakriju da njihova djeca gladuju. Da li se vi možete na ovaj način žrtvovati za svoje roditelje?

Zato treba da znamo jasnu razliku između pokorne ljubavi sa radošću i zahvalnošću, i ljubavi koja godi roditeljima. Nije lako naći u prošlosti djecu sa tom ljubavlju koja roditeljima godi, a postaje još i teže da se takva djeca nađu u današnje vrijeme zato što je svijet danas preplavljen grijehom i zlom.

To je slično roditeljskoj ljubavi za koju se kaže da je najuzvišenija i prelijepa ljubav. Čak i moja majka, koja me je mnogo voljela, rekla je dok je gorko plakala: „Bolje je da brzo umriješ. Tako ćeš me ispoštovati," zato što sam bio bolestan mnogo godina i nije bilo nade za moj oporavak.

Međutim, kako Bog ljubavi pokazuje Svoju ljubav nama? On nam je dao ne samo Svog jedinog Sina i dopustio Mu da umrije na krstu kako bi otvorio put spasenja i Raja, već i Svoju beskrajnu ljubav.

U mom slučaju, od kako sam upoznao Boga, uvijek sam osjećao i bio svjestan Njegove obilne ljubavi tako da sam mogao da razumijem Njegovu ljubav iz dubine svog srca i brzo narastao do pune mjere vjere. Počeo sam da Ga volim više od svega, a i da imam Bogougodnu vjeru.

Imati Bogo-ugodnu vjeru

U Psalmu 37:4, Bog nam obećava: „*Tješi se GOSPODOM, i učiniće ti šta ti srce želi.*" Ako ugodite Bogu, On ne samo da će dati sve što tražite, već i ono što želite u vašem srcu.

Kada sam se spremao da otvorim svoju crkvu, imao sam samo 10 SAD $. Ipak, Bog me blagoslovio da iznajmim zgradu od skoro 900 kvadratnih stopa i osnujem crkvu kada sam se molio u vjeri. Bog je takođe, od samog početka, dao mojoj crkvi veliki preporod i dobru mjeru blagoslova, sabijene, stresene i kuljajuće kada sam se molio sa velikom vizijom i snom za svjetsku misiju.

Isto tako, sve je moguće za vas kada imate Bogo-ugodnu vjeru zato što nas Isus u Jevanđelju po Marku 9:23 podsjeća: „„*Ako možeš vjerovati?*" *Sve je moguće onome koji vjeruje.*" Takođe, kao što je spomenuto u Knjizi Ponovljenih Zakona 28, vi ćete biti blagosloveni kada uđete i kad izađete, pozajmićete mnogima ali od nikog nećete uzajmiti, i Bog će vas učiniti prvim. Osim toga, znaci će vas pratiti kao što se zasigurno tvrdi u Jevanđelju po Marku 16.

Isus vam takođe obećava nezamislive blagoslove u Jevanđelju po Jovanu 14:12-13. Pročitajmo zajedno ove stihove da vidimo koji blagoslovi će vas pratiti kada udovoljite Boga u vjeri:

> *Zaista, zaista vam kažem: koji vjeruje u Mene, djela koja Ja tvorim i on će tvoriti, i veća će od ovih tvoriti; jer Ja idem k Ocu Svom. I šta god zaištete u ime Moje, ono ću vam Ja učiniti, da se proslavi Otac u Sinu.*

Blagoslovi dati Enohu

U Bibliji vidimo mnoge praoce vjere koji su ugodili Bogu. Među njima, kako je Enoh, spomenut u Poslanici Jevrejima 11, ugodio Bogu i koje je blagoslove dobio?

> *Vjerom bi Enoh prenesen da ne vidi smrt; i ne nađe se, jer ga Bog premjesti, jer prije nego ga premjesti, dobi*

svjedočanstvo da ugodi Bogu. A bez vjere nije moguće ugoditi Bogu, jer onaj koji hoće da dođe k Bogu, valja da vjeruje da ima Bog i da plaća onima koji Ga traže (stihovi 5-6).

Postanak 5:21-24 oslikava Enoha kao onoga koji je ugodio Bogu zato što se posvjetio u 65.god. i bio vjeran u cijeloj Božjoj kući. Enoh je hodao sa Bogom 300 godina, djeleći ljubav s Njim i nije video smrt zato što ga je Bog uzeo. On je bio toliko obilno blagosloven da sada boravi pored Božjeg prijestolja, djeleći ljubav s Njim do najvišeg stepena.

Slično tome, moguće je biti odnesen na Nebo a ne vidjeti smrt ako posjedujete Bogo-ugodnu vjeru. Prorok Ilija takođe nije vidio smrt nego je odveden na Nebo zato što je svjedočio živom Bogu i spasao mnoge ljude pokazujući im zadivljujuća djela moći sa Bogo-ugodnom vjerom.

Da li vjerujete da Bog postoji i da On nagrađuje one koji Ga iskreno traže? Ako imate takvu vjeru, jedino vam pristaje da budete potpuno posvjećeni i da položite čak i svoj život da bi ispunili vaše Bogom dane dužnosti.

2. Vjera da žrtvujete sopstveni život

Isus nam naređuje u Jevanđelju po Mateju 22:37-40 na sledeći način:

„Ljubi Gospoda Boga svog svim srcem svojim, i svom dušom svojom, i svom misli svojom. Ovo je prva i

najveća zapovjest. A druga je kao i ova: „Ljubi bližnjeg svog kao samog sebe." O ovima dvijema zapovjestima visi sav Zakon i Proroci."

Kao što Isus kaže, Ljudi koji vole Boga udovoljavaju Mu ali ne samo time što vole Boga svim srcem svojim,dušom i mislima nego i time što vole svoje bližnje kao samoga sebe. Vi ovu Bogo-ugodnu vjeru možete nazvati „ Hristova vjera" ili „kompletna duhovna vjera" zato što je ova vjera dovoljno čvrsta da čak možete da nesebično date svoj život za Isusa Hrista.

Vjera da žrtvuje Njegov život za volju Božju

Isus se potpuno povinovao da ugađa Božjoj volji. On je bio razapet na krst, postao prvi plod vaskrsnuća i sada sedi pored Božjeg trona, sve ovo zbog toga što je On imao vjeru da u cjelosti žrtvuje Sebe do tačke polaganja Svog života, dalje od potpunog pokoravanja. Međutim, Bog svjedoči Isusu, govoreći: „*Ovo je Sin moj ljubazni koji je po mojoj volji"* (Jevanđelje po Mateju 3:17, 17:5), i „*Sluga moj, koga sam izabrao; Ljubazni moj, koji je po volji duše moje"* (Jevanđelje po Mateju 12:18).

Kroz istoriju crkve, bilo je mnogo praotaca u vjeri koji su nesebično dali svoje živote, kao što je Isus učinio, kako bi ugodili Božjoj volji. Pored Petra, Jakova, i Jovana koji su pratili Isusa sve vrijeme, mnogi drugi su položili svoje živote za Isusa Hrista bez oklijevanja ili ustručavanja. Petar je umro na krstu naopako obješen; Jakovu je odrubljena glava; a Jovan je bio stavljen u ključalo ulje u čelično bure, ali nije umro pa je prognan na ostrvo Patmos.

Slaveći Boga, mnogi su hrišćani umrli u Koloseumu u Rimu kao plijen lavova. Mnogi drugi su se čvrsto držali vjere živeći čitav život u Katakombama, „podzemnom groblju" bez da ikad vide svjetlost sunca. Bog je bio zadovoljan njihovom vjerom zato što su živjeli po Biblijskim naredbama, po sljedećem: *„Jer ako živimo, Gospodu živimo; a ako umiremo, Gospodu umiremo. Ako, dakle, živimo, ako umiremo, Gospodnji smo"* (Poslanica Rimljanima 14:8).

U 1992.god., počeo sam da krvarim iz nozdrva zbog prekomjernog rada, neispavanosti i premora. Činilo se da je skoro sva moja krv istekla iz mog tijela. Kao ishod, uskoro sam bio u kritičnom stanju. Postepeno sam izgubio svjest i na kraju sam stigao do praga smrti.

U to vrijeme, osjećao sam da ću uskoro biti u Isusovim rukama ali nisam imao namjeru da se oslonim na medicinski tretman. Nikada nisam razmišljao da posjetim doktora zbog mog krvarenja iz nosa. Čak i kada sam se suočio sa smrću nisam išao u bolnicu ili se oslonio na ikakve svjetovne lijekove, zato što sam vjerovao u svemogućeg Boga mog Oca. Moja porodica i članovi crkve nisu me silili da se liječim u bolnici. Oni su me poznavali dobro i znali su da samu potpunosti posvjetio svoj život Bogu, a ne svijetu ili nekom čovjeku.

Čak iako sam bio bez svjesti od obilnog krvarenja, moja duša je zahvaljivala Bogu zbog činjenice da sam u mogućnosti da se privijem u Isusovim rukama i odem na vječni odmor. Moja jedina nada je bila da sretnem Gospoda Isusa.

Međutim, Bog mi je u viziji pokazao šta će se desiti mojoj crkvi nakon moje smrti. Neki ljudi će ostati u mojoj crkvi, održavaće svoju vjeru, dok će se mnogi drugi okrenuti ka svijetu, tako što će napustiti Boga i zgriješiti protiv Njega.

Pošto što sam video ovo, nisam mogao da se odmaram u Isusovim rukama. Umjesto toga, iskreno sam zamolio Boga da me ojača zato što sam osjetio najdublju tugu zbog onih koji se okreću svijetu. Onda, uz pomoć Božju koji me je izlječio, podigao sam iz kreveta i odmah sjeo, iako sam zamalo umro i poblijedeo kao snijeg.

Nakon što sam povratio svjest, vidio sam mnogo članova crkve koji su prolivali suze radosnice. Kako da ne budu dirnuti nakon što su iskusili Božje nevjerovatno i moćno djelo oživljavanja mrtve osobe?

Na ovaj način, Bog je zadovoljan onima koji pokazuju svoju vjeru da nesebično polože čak i svoje živote, i odgovara im brzo. Zarad mučenika iz ranih crkava, jevanđelje se brzo raširilo kroz cio svijet. Čak i u Koreji, krv mučenika je pomogla brzom širenju jevanđelja.

Vjera povinovanja svoj volji Božjoj

U 1. Poslanica Solunjanima 5:23 NKJV (New King James Version – Nova verzija Biblije Kralja Džemsa) čitamo: *„A sam Bog mira da posveti vas cijele u svačemu; i cio vaš duh i duša i tijelo da se sačuva bez krivice za dolazak Gospoda našeg Isusa Hrista."* Ovde, „cio duh" odnosi se na stanje da se u potpunosti dostigne savršenstvo srca Isusa Hrista.

Čovjek cijelog duha je onaj koji živi samo po volji Božjoj zato što uvijek može da čuje glas Svetog Duha i njegovo srce postaje sama istina tako što potpuno prepoznaje Božju Riječ. Vi možete da postanete čovjek duha i dostignete Isusov stav kada ste potpuno posvjećeni odbacivanjem svake vrste zla boreći se protiv grijeha koji je nađen u vama.

Šta više, kada duhovni čovjek nastavi da se oprema Božjom Riječju, istina potpuno vlada ne samo vašim srcem već i cijelim vašim životom.

Vi onda možete ovu vrstu vjere da zovete „kompletna vjera" ili „savršena duhovna vjera Isusa Hrista." Vi ste sposobni da dostignete takvu vjeru kada imate iskreno srce kao što je opisano u Poslanici Jevrejima 10:22: *„Da pristupamo s istinim srcem u punoj vjeri, očišćeni u srcima od zle savjesti, i umiveni po tijelu vodom čistom. "*

Međutim, to ne znači da možete biti jednaki sa Isusom Hristom čak iako bi ste imali Isusov stav i vjeru Hristovu. Pretpostavimo da sin poštuje svoga oca veoma mnogo i pokušava da liči na njega. On možda liči na oca po karakteru ili ličnosti ali nikad ne može biti njegov otac.

Na isti način, vi nikada nećete biti isti kao Isus Hrist. On je utvrdio duhovni red u Jevanđelju po Mateju 10:24-25, kao što sledi: *„Nema učenika nad učiteljem svojim ni sluge nad gospodarom svojim. Dosta je učeniku da bude kao učitelj njegov i sluzi kao gospodar njegov. "*

Šta ćemo sa odnosom između Mojsija koji je izveo Izraelce iz Egipta, i Jakova koji je nasledio Mojsija i vodio narod u Hanan? Mojsije je razdvojio Crveno more i izveo vodu iz stijene, ali Jakov nije bio ništa manji nego Mojsije u izvođenju Božjih čuda: on je napravio da tok rijeke Jordan stane u vrijeme poplave, da se sruši Jerihon, i da sunce i mjesec stanu na skoro cio dan. Uprkos tome,

Jakov nije mogao da bude iznad Mojsija koji je licem u lice, jasno razgovarao sa Bogom a ne u zagonetkama.

Na ovom svijetu, student može biti iznad svog nastavnika ali to je nemoguće u duhovnom kraljevstvu. Ovo je zato što je duhovno kraljevstvo dostižno samo sa Božjom pomoći a ne sa nekim knjigama ili svjetovnim znanjem. Zato, onaj koga je duhovno disciplinovao duhovni učitelj neće biti iznad svog učitelja koji razumije i radi stvari u Božjoj milosti.

U Bibliji, Jelisej je dobio dvostruki dio Ilijinog duha i izveo je više čuda ali je bio manji od Ilije koji je bio živ podignut u Raj. Takođe tokom ranih dana crkve, Timotije je uradio mnogo stvari za Gospoda Isusa ali nije mogao da bude iznad svog učitelj, Apostola Pavla.

Zato što nema granica u duhovnom kraljevstvu, niko ne može da izmjeri potpuno njegovu dubinu. Zbog toga možete da znate o tome samo kroz Božje učenje, a ne vi sami. To je isto sa činjenicom da vi ne znate koliko je dubok okean ili koje vrste biljki i sisara žive na njegovom dnu. Ipak, možete da vidite mnogo raznobojnih riba i biljaka kada odete u dubine okeana. Šta više, možete da vidite misterije okeana koliko god želite kada dublje istražujete. Isto tako, koliko dublje uđete u duhovno kraljevstvo, više ćete o njemu naučiti.

Bog Lično me uči i dozvoljava mi da razumijem duhovno kraljevstvo kako bih dostigao dublji nivo duhovnog kraljevstva. On me je takođe vodio da i sam iskusim duhovno kraljevstvo. Na ovaj način On me upravlja i uči me detaljno o mjeri vjere i koristi me da vodim više ljudi da dostignu dublji nivo duhovnog kraljevstva. Znajući ovo, vi treba da ispitate sebe pažljivije i da pokušate da dostignete zreliju vjeru.

3. Vjera da se manifestuju čuda i znakovi

Ako imate potpunu vjeru pošto se istina kompletno nastani u vašem srcu, vi ćete nagomilati molitve dok strijemite da živite po volji koja ugađa Bogu. Ovo je zato što treba da dobijete moć da spasite što više duša, od kojih svaku Bog smatra vrijednijom od univerzuma.

Zašto je Isus bio razapet? On je hteo da spase izgubljene duše koje lutaju na putu grijeha i napravi od njih Božju djecu.

Zašto je Isus rekao: „Ja sam žedan" dok je bio obješen na krstu i krvario satima pod jarkim suncem? Ovom primjedbom, Isus nam nije tražio da utolimo Njegovu fizičku žeđ koja je bila rezultat prolivanja sve Njegove krvi, već da olakšamo Njegovu duhovnu žeđ plaćanjem naknade za Njegovu krv. To je bio iskreni apel za nas da spasimo izgubljene duše i odvedemo ih u Isusove ruke.

Spasiti mnoge ljude sa moći

Kada neko dostigne peti nivo vjere na kome ugađa Bogu, on se iskreno premišlja: „Kako mogu da vodim mnogo ljudi ka Isusovim rukama? Kako ja da proširim Božje kraljevstvo i pravednost?" i ustvari radi najbolje kako bi ispunio to. Zato, on pokušava da udovolji Bogu ispunjavajući druge zadatke, uz potpuno ispunjavanje svojih Bogo-ugodnih dužnosti.

Ipak, čak i takav posvjećeni pojedinac nije sposoban da udovolji Bogu bez da primi moć zato što, kao što nas podsjeća 1. Poslanica Korinćanima 4:20: *„Jer carstvo Božije nije u riječi nego u sili. "*

Kako možete da dobijete moć da povedete mnogo ljudi ka putu spasenja? Vi možete da je dobijete samo kroz neprestanu molitvu. To je zato što se spašavanje duša ne postiže kroz ljudsku priču, znanje, iskustvo, reputaciju ili autoritet, već samo kroz moć koja je data od Boga.

Dakle, oni na petom nivou vjere moraju revnosno da nastave da se mole da bi dobili moć sa kojom mogu da spasu što više duša.

Kraljevstvo Božje je pitanje moći

Jednom sam sreo pastora koji nije bio samo plemenitog srca već je pokušavao i da ispuni svoju dužnost i molio se da živi po Riječi Božjoj, ali nije ubirao onoliko plodova koliko je očekivao. Šta je razlog? Da je iskreno volio Boga, on bi potčinio sav svoj um, želje, život, čak i razum Bogu, ali on to nije učinio. Trebalo je da razumije da je on sam još uvijek gospodar svog života, umjesto da dozvoli Bogu da ga vodi.

Bog nije mogao da radi za njega jer taj pastor nije u potpunosti zavisio od Boga i izvršavao svoj zadatak, već se oslanjao na sopstveno znanje i misli. Dakle, on nije mogao na manifestuje djelo Božje koje je iznad ljudske sposobnosti, iako je vidio rezultat svog napora.

Zato treba da se molite, da čujete glas Svetog Duha i da vas nadgleda Sveti Duh, umjesto da se oslanjate na ljudsku misao, znanje i iskustvo dok ste u Božjoj službi. Samo onda kada postanete čovjek istine i potpuno vas nadzire Sveti Duh, vi ćete iskusiti čudesna djela manifestovana Njegovom moći koja dolazi odozgo.

Međutim, kada se oslonite na ljudsku misao i teoriju, čak iako mislite da znate Božju Riječ, molite se, i dajete sve od sebe da ispunite svoju dužnost, Bog nije sa vama zato što je taj stav arogantan u Božjim očima. Vi zato morate potpuno da odbacite griješnu prirodu, revnosno se molite da budete savršena duhovna osoba, i tražite Božju moć, shvatajući zašto je Apostol Pavle priznao: „Ja umirem svaki dan."

Ako se molite u nadahnuću Svetog Duha

Svako ko je prihvatio Gospoda Isusa treba da se moli zato što je molitva duhovni dah. Ipak, srž molitve razlikuje se na raznim nivoima vjere. Onaj koji je na prvom ili drugom nivou vjere moli se uglavnom za sebe i on jedva da može da se moli desetak minuta zato što nema mnogo stvari za koje treba da se moli.

Takođe, on se ne moli sa vjerom iz dubine srca čak iako se moli za Božje kraljevstvo i pravednost. Međutim, kada uđe u treći nivo vjere, on je sposoban da se moli za Božje kraljevstvo i Njegovu pravednost, ne tražeći nešto za sebe.

Uz to, kako će se on moliti kada jednom uđe u četvrti nivo? Na ovom nivou, on se moli samo za Božje kraljevstvo i pravednost zato što je u potpunosti odbacio i djela i želju griješne prirode.

On ne mora da se moli da se oslobodi svojih grijehova zato što već živi po Riječi Božjoj. On traži od Boga druge stvari koje su iznad i izvan njegove porodice i njega samog: spasenje mnogih ljudi, širenje Božjeg kraljevstva i pravednosti, i njegove crkve, radnika crkve, i sve braće i sestara u vjeri. On se stalno moli zato što je svjestan da ne može da spasi ni jednu dušu ako nije dobio moć od Boga odozgo. On se takođe revnosno moli svim svojim srcem, dušom, mislima, i snagom za Božje kraljevstvo i pravednost.

Šta više, ako dostigne peti nivo vjere, on nudi molitvu koja može da ugodi Bogu i molitvu zahvalnosti koja može da gane čak i Boga na Njegovom tronu.

U prošlosti bi mu oduzelo prilično vremena da se moli u ispunjenosti Svetim Duhom, a sada on može da osjeti da se njegova molitva uspinje u Nebo sa inspiracijom Svetog Duha u momentu kada klekne da se pomoli.

Teško je kada se molite da odagnate vaše grijehove. Ali, nije teško kada se molite sa vjerom da dobijete Božju moć da spasite mnogo duša i ugodite Bogu, i sa žarkom ljubavlju za Gospoda.

Pokazivanje čudesnih znakova i čuda

Mnogi čudesni znakovi i čuda se manifestuju kroz osobu kada ona nastavi da se sa žarkom ljubavlju revnosno moli da dobije moć Božju. Ovo je dovoljno da potvrdi da on ima vjeru koja ugađa Bogu.

Isus je izvodio mnogo čudesnih znakova i čuda tokom Njegovog službovanja, kao što se govori u Jevanđelju po Jovanu 4:48: *„Ako ne vidite znaka i čudesa, ne vjerujete.“* To je zato što je Isus svjedočenjem živom Bogu mogao lako da vodi ljude da imaju vjeru u Boga pokazujući im natprirodne znakove i čuda.

U naše doba, Bog takođe odabira dolične ljude i dozvoljava im da izvode znakove i čuda, pa čak i veće stvari nego što je Isus radio (Jevanđelje po Jovanu 14:12). Samo u mojoj crkvi, nebrojani znakovi i čuda su manifestovani.

Sada nam dozvolite da razmotrimo znakove i čuda manifestvovana kroz one koji imaju Bogougodnu vjeru. Prvo, kada je izvedena i prikazana Božja moć, koja je van ljudskih sposobnosti, mi to zovemo „znak." Na primjer, slijep progleda, mutav progovori, gluv pročuje, nepokretan prohoda, kraća noga je produžena, iskrivljena kičma je ispravljena, a dječja paraliza ili cerebralna paraliza postaje normalna.

O znakovima, Isus nam govori u Jevanđelju po Marku 16:17-18:

> *A znaci onima koji vjeruju biće ovi: imenom Mojim izgoniće đavole; govoriće novim jezicima; uzimaće zmije u ruke, ako i smrtno šta popiju, neće im nauditi; na bolesnike metaće ruke, i ozdravljaće.*

Ovde, „onima koji vjeruju" stoji za one ljude koji imaju vjeru oca. Znakovi koji prate „one koi vjeruju" mogu biti svrstavani u pet kategorija i njih ću detaljno razraditi u sljedećem poglavlju.

Drugo, među mnogim djelima Božjim, „čudo" je kada neko mijenja vrijeme što uključuje pomjeranje oblaka, dozvolu nebesima da puste ili zaustave kišu, pomjeranje nebeska tijela, i slično.

Prema Bibliji, Bog je poslao gromove i kišu kada se Samuilo molio (1. Knjiga Samuelova 12:18). Kada je Prorok Isaija pozvao Boga, mi znamo: *„i vrati GOSPOD sijenku za deset koraka"* (2. Knjiga Kraljevima 20:11). Takođe, Ilija: *„pomoli se Bogu da ne bude kiše, i ne udari kiša na zemlju za tri i po godine. A i* *opet se pomoli i nebo dade kišu"* (Poslanica Jakovljeva 5:17-18).

Isto tako, Bog ljubavi vodi ljude na put spasenja pokazivajući im dirljive i nevjerovatne znakove i čuda kroz ljude koje On smatra doličnim. Zato, vi treba da čvrsto vjerujete u Božju Riječ zapisanu u Bibliji i pokušati da dostignete vjeru koja ugađa Bogu.

4. Biti vjeran u cijeloj Božjoj kući

Ljudi na prvom ili drugom nivou vjere mogu da privremenu uđu u stanje petog nivoa vjere. To je zato što kada prvi put prime Svetog Duha, oni su ispunjeni Svetim Duhom toliko mnogo da se ne plaše čak ni smrti, već postaju puni hvale, revnosno se mole, proklamuju jevanđelje i posjećuju svaku crkvenu službu. Oni dobijaju sve što potraže zato što su na četvrtom ili petom nivou vjere iako je njihovo iskustvo samo privremeno. Kada izgube ispunjenost Svetim Duhom, oni se uskoro vraćaju na njihov sopstveni nivo vjere.

Ipak, ljudi u petom nivou vjere nikada se ne mijenjaju. To je zato što su oni uvjek potpuno ispunjeni Svetim Duhom pa mogu da potpuno kontrolišu i upravljaju svojim mislima, i ne žive kao što žive ljudi sa prvim ili drugim nivoom vjere. Pored toga, oni ustvari ugađaju Bogu time što su vjerni u cijeloj Božjoj kući.

Brojevi 12:3 nam Mojsije govori: *„A Mojsije bješe čovjek vrlo krotak mimo sve ljude na zemlji, "* a stih 7 bilježi: *„Ali nije takav Moj sluga Mojsije, koji je vjeran u svem domu Mom. "* Ovime, mi znamo da je Mojsije bio na petom nivou vjere u kome je mogao da ugodi Bogu.

Šta znači to: „biti vjeran u cijeloj Božjoj kući“? Zašto Bog priznaje samo one koji su kao Mojsije vjerni u cijeloj Njegovoj kući kao ljude sa Bogougodnom vjerom?

Značenje vjernosti u cijeloj Božjoj kući

Onaj „koji je vjeran u cijeloj Božjoj kući“ ima Hristovu vjeru, ili „kompletnu duhovnu vjeru“; on čini sve sa stavom Isusa Hrista. On čini sve sa srcem Hrista i sa srcem duha, bez da se oslanja na svoje misli ili razum.

Pošto je postigao naum dobrote, Hristov način mišljenja, on se ne svađa i ne viče, i on ne lomi stučenu trsku i ne gasi zapaljeno svjetlo (Jevanđelje po Mateju 12:19-20). Takav čovjek je razapeo griješnu prirodu zajedno sa njenim žudnjama i željama kako bi bio vjerom ispunjen u svim svojim dužnostima.

On nema nimalo „ličnosti“ ostavljene u sebi već samo srce Hrista – srce duha – zato što je odbacio sve svoje tjelesne stvari. On nimalo ne brine za ovozemaljsku čast, moć i bogatsvo.

Umjesto toga, njegovo srce je preplavljeno nadom za vječna dobra: kako će biti sposoban da postigne kraljevstvo Božje i Njegovu pravednost dok živi na ovom svijetu; kako će biti veiličanstvena osoba na Nebu i kako će biti voljen od Gospoda Oca; i kako će živeti srećno zauvijek sakupljajući velike nagrade u Raju. Zbog toga, on može biti vjeran u svim svojim dužnostima zato što samo revnost i iskrenost da postigne kraljevstvo Božje i pravednost bujaju iz dubina njegovog srca.

Ima razlika u mjeri pobožnosti među ljudima koji postignu Božje kraljevstvo i njegovu pravednost. Ako on sprovodi samo povjerenu mu dužnost, to jedva da je ispunjenje njegove lične odgovornosti.

Na primjer, kada vi unajmite nekoga, date mu dnevnicu, i on uradi posao za koji je iznajmljen i plaćen, mi ne kažemo da je on „vjeran u cijeloj kući" čak iako dobro završi posao. Pod „biti vjeran u cijeloj kući", osoba ne samo da dobro ispunjava dat zadatak, nego iskreno i bez štednje svojih materijalnih dobara prekomjerno radi i više od jednostavnog izvršavanja datog zadatka.

Zato ne možete biti priznati kao „vjerni u cijeloj Božjoj kući" čak iako ste odagnali sve grijehe time što se borite protiv njih do tačke prolivanja svoje krvi u velikoj ljubavi prema Bogu i ispunili svoju dužnost u potpunosti sa posvjećenim srcem. Vi možete biti priznati kao „vjerni u cijeloj Božjoj kući" samo ako ste potpuno posvjećeni i ispunjavate svoje dužnosti neizmjerno dobro i prijeko svojih odgovornosti sa Hristovom vjerom, a to je povinovanje do tačke smrti.

Biti vjeran u cijeloj Božjoj kući

Vi ste na četvrtom nivou vjere kada volite Isusa Hrista do krajnjeg stepena i posjedujete duhovnu ljubav kao što je opisano u 1. Korinćanima Poslanica 13, i gajite plodove Svetog Duha kao što je dato u Poslanici Galaćanima 5. Povrh toga, vi ste u stanju da steknete Bogo-ugodnu vjeru kad dostignete Blaženstvo Mateja 5 i vjernost u cijeloj Božjoj kući. Zašto je ovo tako?

Postoji razlika između ljubavi kao ploda Svetog Duha i ljubavi koja je definisana u 1. Korinćanima Poslanici 13. Ljubav u 1. Korinćanima Poslanici 13 je definicija duhovne ljubavi, dok se ljubav kao plod Svetog Duha odnosi na beskonačnu ljubav koja ispunjava zakon.

Zato, ljubav kao plod Svetog Duha pokriva veći spektar nego što to čini ljubav opisana u 1. Korinćanima Poslanici 13. Drugim riječima, kada se žrtva Isusa Hrista koji je ispunio zakon sa ljubavlju na krstu doda ljubavi iz 1. Poslanice Korinćanima 13, to može biti nazvano „ljubav kao plod Svetog Duha."

Radost dolazi odozgo sa mirom i duhovnim veseljem zato što tjelesne stvari u vama nestaju isto toliko koliko u vama sazrijeva duhovna ljubav. Za vas je jedino razumno da postanete ispunjeni radošću kada ste ispunjeni samo dobrim stvarima jer vidite, čujete i mislite samo o dobrim stvarima.

Vi ne mrzite nikoga zato što u vama nema mržnje. Vi ste preplavljeni radošću zato što bi prije služili drugima, pružili im dobre stvari i pravili žrtve za njih. Iako živite u ovom svijetu, vi u postizanju svojih ciljeva ne težite tjelesnim stvarima; umjesto toga vi ste ispunjeni nebeskom nadom, misleći o tome kako da proširite Božje carstvo i Njegovu pravednost i udovoljavajući Mu tako što spasavate još ljudi. Vi možete živeti u slozi sa svojim komšijama zato što uživate istinsku sreću i imate miran um da brinete o njima onoliko koliko na vas dolazi radost.

Šta više, možete biti strpljivi sa nebeskom nadom onoliko koliko ste u miru sa drugima. Vi možete biti obzirni prema drugima zato što možete saosjećati sa njima isto toliko koliko ste strpljivi. Vi stičete dobrotu zato što se ne svađate ili vičete, ne lomite nagnječenu trsku i ne gasite upaljenu lampu ako imate dobrotu. Ljudi sa dobrotom mogu biti duhovno vjerni zato što su već odbacili sebičnost.

Pored toga, mjera vjernosti se razlikuje među onima koji su vjerni, u odnosu na to na kom se polju nalazi srce svakog ponaosob. Što više blagosti neko ima, veću mjeru vjernosti on postiže. Vi možete vidjeti koliko je neko blag ako je on vjeran u cijeloj Božjoj kući. On vjerno ispunjava sve dužnosti u kući i na poslu, u odnosima sa drugima i u crkvi. Zato, Mojsije, koji je bio najskromniji čovjek na kugli zemaljskoj, može biti vjeran u svakoj dužnosti kaja mu je data.

Dalje, kako vi možete biti savršeni bez samokontrole? Vi ćete biti vjerni u cijeloj Božjoj kući sa samokontrolom, zato što je bez nje nemoguće biti dobro usklađen na svakom planu. Zato, vi ne možete biti vjerni u cijeloj Božjoj kući, bez ploda samokontrole čak iako gajite ostalih osam plodova Svetog Duha.

Na primjer, kažimo da se sastajete sa prijateljem na nekom drugom mjestu nakon sastanka vaše ćelijske grupe. Bilo bi veoma nepristojno prema vašem prijatelju ako vi otkažete ili promjenite vrijeme prijeko telefona ne zato što se sastanak otegao, nego zato što ste ostali poslije sastanka da bi proćaskali sa ljudima u grupi. Po istom kalupu, kako vi možete biti vjerni u cijeloj Božjoj kući ako ne možete da održite malo obećanje ili ispunite ovakvo djelo, bez da gajite plod samokontrole. Morate da shvatite da ćete biti vjerni u cijeloj Božjoj kući samo kad je vaš život u ravnoteži sa plodom samokontrole.

Duhovna ljubav, plod Duha i Blaženstva

Blaženstva dolaze na vas u onolikoj mjeri koliko vi imate duhovnu ljubav i plod Svetog Duha, i koliko ih upotrebljavate. Blaženstva se odnose na nečiji karakter kao sud, i vi možete biti savršeno vjerni u cijeloj Božjoj kući samo kada vas Blaženstva potpuno prekriju tako što u potpunosti odradite i preživite ono što gajite u srcu.

Kroz većinu Korejske istorije, lojalni kraljevski savjetnici prihvatali su državne poslove kao svoje lične. Na ovaj način, ovi savjetnici bili su u stanju da služe kraljevima i pomognu im u da donesu ispravne odluke, čak iako je to ponekad značilo veliku ličnu patnju ili čak smrt. Oni ne samo da su voljeli svoje kraljeve, nego su i voljeli cijelu zemlju kao što su voljeli sebe, i tako se i ponašali.

Sa jedne strane, ovi odani savjetnici takođe su služili svojim kraljevima do kraja čak i rizikujući sopstvene živote. Sa druge strane, neki savjetnici su bili naizgled lojalni svojim kraljevima ali su davali ostavku i živjeli povučeno kad kralj ne posluša njihov iskren i ponovljeni savjet i konsultaciju. Ipak, istinski kraljevski savjetnici i podanici se nisu tako ponašali. Oni su bili lojalni kralju do kraja čak i kad bi ih kralj ignorisao i odbacio njihov savjet. Njihov kralj je mogao da ih odbaci, odbaci njihov savjet ili da ih obesčasti bez razloga. Ipak, oni se nisu ljutili na kralja i nisu mijenjali svoje mišljenje čak i kad je trebalo da izgube život.

Čovječji karakter kao posuda i karakter čovječjeg srca

Da bi jasno razumijeli šta znači „biti vjeran u cijeloj Božjoj kući," dozvolite nam da prvo razmotrimo čovječji karakter kao sud i karakter srca pojedinca.

Mjera nečijeg karaktera kao posude se razlikuje od osobe do osobe, u zavisnosti koliko gaji svoje srce u ono dobro, ili koliko mijenja svoje srce u milo srce. Zato, nečiji karakter kao posuda je određen time da li ili ne radi šta mu je rečeno, ili da li se povinuje ili ne.

Onda, šta čini značajnu razliku u nečijem karakteru kao posuda? To zavisi od toga kako i sa kakvim srcem neko reaguje prema Riječi Božjoj i koliko odrađuje ono što neguje u svom srcu. Otuda, neko ko je dobar sud sakuplja blago Riječi Božje i promišlja je duboko u svom srcu kao što je i Marija uradila: *„A Marija čuvaše sve riječi ove i slagaše ih u srcu svom"* (Jevanđelje po Luki 2:19).

Karakter nečijeg srca varira u zavisnost od toga kako širi svoj um u sprovođenju svoje dužnosti ili kako mjerodavno koristi svoje misli u izvođenju svoje dužnosti. Sa primjerom različitih načina kojima ljudi odgovaraju u istoj situaciji, ja ću svrstati ljudska djela koja potiču od različitih karaktera srca u četiri kategorije.

Prva osoba radi mnogo više nego što mu je naređeno da uradi. Na primjer, kada roditelji kažu svom djetetu da pokupi komadić đubreta sa poda, on ne samo da počisti pod već i obriše prašinu, očisti svaki ćošak sobe, i isprazni kantu za đubre. Ovo dijete pričinjava svojim roditeljima radost i zadovoljstvo jer čini stvari koje su prijeko roditeljskih očekivanja. Koliko mnogo će ga voljeti roditelji? Đakoni Stefan i Filip bili su takve ličnosti. Oni su bili slobodnoumni ljudi tako da su oni mogli da izvode velike nevjerovatne znakove i čuda među ljudima kao što su Apostoli radili (Djela Apostolska 6).

Druga osoba radi samo ono što mu je naređeno da radi. Na primjer, ako dijete pokupi samo taj komadić đubreta sa poda shodno sa roditeljskim naređenjem, on će biti možda omiljen kod roditelja pošto im se povinovao ali im možda nije udovoljio.

Treća osoba ne radi ono što bi trebalo. On je tako hladnog srca i ravnodušan da se uznemiri čak i kad mu se kaže da odradi određeni zadatak. Ovakvi ljudi, koji tvrde da vole Boga ali se ne mole niti vode računa o Isusovim ovcama, pripadaju ovoj grupi. U jednom od Isusovih stihova, svještenik i Levićanin koji su prošli pored opljačkanog čovjeka na drugoj strani puta, takođe pripadaju ovoj grupi (Jevanđelje po Luki 10). Zbog toga što ovakvi ljudi nemaju ljubav, oni možda rade ono što Bog najviše mrzi, a to je biti arogantan, počiniti preljubu i izdati Njega.

Poslijednja osoba stvari čini gorim i u stvari ometa da zadatak bude ispunjen. Bilo bi bolje za njega da na prvom mjestu i ne počinje sa ovim zadatkom. Ako postoji dijete koje razbije saksiju za cveće kad se naljuti na roditelje zato što mu je rečeno da pokupi đubre, on pripada ovoj grupi.

Velikodušno srce i vjernost u cijeloj Božjoj kući

Baš kao što sam i objasnio četiri kategorije nečijeg karaktera, pojedincu može biti priznato da ima veliki sud kada obavlja svoju dužnost Prijeko onoga što se očekuje od njega. To je zato što nečija veličina kao suda zavisi od toga koliko on širi svoj um nadom i koliko iskreno strijemi. To je isto kao kad učini bilo šta u crkvi, na poslu ili kući.

Zato, kada je nekome dat određeni zadatak, ako se povinuje sa „Amin," on može biti smatran čovjekom velikog suda. Osoba može biti priznata kao neko sa velikodušnim srcem kada se ne samo povinuje onome što mu je zadato već to i ispuni nad svim očekivanjima sa iskrenošću i širokih pogleda. U ovom smislu, biti vjeran u cijeloj Božjoj kući odnosi se na mjeru velikodušnosti. Iskrenost varira sa mjerom velikodušnosti.

Dozvolite nam da istražimo neke ljude koji su bili vjerni u cijeloj Božjoj kući. U Brojevima 12:7-8 razumijete koliko je Bog volio Mojsija, koji je bio vjeran u cijeloj Njegovoj kući. Ovi stihovi nam govore koliko je važno biti vjeran u cijeloj Božjoj kući:

Ali nije takav Moj sluga Mojsije, koji je vjeran u svem domu Mom; njemu govorim iz usta k ustima, i on Me gleda doista, a ne u tami niti u kakvoj prilici GOSPODNJOJ. Kako se dakle ne pobojaste vikati na slugu Mog, na Mojsija?

Mojsije nije imao samo stalnu ljubav i nepromjenljivo srce za Boga, već je imao isti stav za svoj narod i porodicu, i izvršavao je svoje zadatke bez da je ikada promjenio svoje mišljenje. On je uvijek bio u sposoban da prvo izabere Božje vječne stvari, ne svoju slavu i bogatstvo, i ugodio Mu je vjerom. On je bio toliko odan da je čak pitao Boga da spasi Njegov narod po cijenu sopstvenog života kada su Izraelci zgriješili.

Kako je Mojsije odgovorio kada je narod napravio obličje zlatnog teleta i obožavao ga, nakon njegovog povratka sa tablicama Deset Zapovjesti koje mu je dao Bog poslije njegovog četrdesetodnevnog posta? Većina ljudi, u ovoj situaciji, mogli bi da kažu: „Ja više ne mogu da ih podnesem, Bože! Molim te učini kako želiš!"

Ipak, Mojsije je najiskrenije zamolio Boga da im oprosti njihove grijehove. On je iz dubine svog srca sa obilnom ljubavlju za njih bio spreman i voljan da žrtvuje svoj život kao vrstu jemstva.

Isto je i sa Avramom, praocem vjere. Kada je Bog planirao da uništi gradove Sodomu i Gomoru, Avram nije mislio da to nema veze sa njim. Umjesto toga, Avram je molio Boga da spasi narod Sodome i Gomore: *„Može biti da ima pedeset pravednika u gradu; hoćeš li i njih pogubiti, i nećeš oprostiti mjestu za onih pedeset pravednika što su u njemu?"* (Knjiga Postanka 18:24)

Onda je tražio od Boga Njegovu milost da ne uništava ove gradove ako ima četrdeset i pet čestitih ljudi i tako je nastavio da pita Boga šta ako je broj čestitih ljudi četrdeset, trideset, trideset pet, dvadeset ili deset. Na kraju, Avram je dobio konačan odgovor od Boga: *„Neću ih pogubiti radi onih deset"* (Knjiga Postanka 18:32). Međutim, ta dva grada su bila uništena jer nije bilo ni deset čestitih ljudi u tim gradovima.

Pored toga, Avram je prepustio svoje pravo na izbor svom rođaku Lotu, da ovaj izabere dobru zemlju, kada zemlja na kojoj su živjeli nije mogla više da ih prehrani, jer su obe njihove nekretnine postale veoma velike. Lot je za sebe izabrao čitavu ravnicu koja mu je dobro izgledala i odmah krenuo ka njoj.

Nešto kasnije, Sodoma i Gomora su bile pobjeđene u ratu i mnogo ljudi je bilo zarobljeno uključujući i Lota, Avramovog nećaka. Onda je, rizikujući svoj život, Avram otjerao neprijatelja sa 318 pratilaca, oslobodio Lota i druge zarobljenike i povratio njihovu imovinu.

Tada je kralj Sodome pozdravio Avrama i rekao mu: *„Daj meni ljude, a blago uzmi sebi"* (stih 21). Ali Avram nije uzeo ništa od tog plijena, govoreći: *„Ni konca ni remena od obuće neću uzeti od svega što je tvoje"* (stih 23). On je zaista vratio sve stvari kralju Sodome (Knjiga Postanka 18:1-24).

Isto tako, Avram je imao čvrst stav kada bi se sreo ili se

udružio sa nekim, ne praveći štetu i ne dosađujući nikome. On ne samo da je tješio ljude i pružao im zadovoljstvo i nadu, već ih je iskreno volio i služio.

Kako biti vjeran u cijeloj Božjoj kući

Mojsije i Avram su bili vrlo velikodušni ljudi i bili su iskreni, savršeni i istinoljubivi bez zanemarivanja ičega. Šta trebate da uradite da bi bili vjerni u cijeloj Božjoj kući?

Prvo, vi morate sve da isprobate i držite se dobrote a da ne gasite vatru Duha i ne ophodite se sa prezirom prema prorocima. Drugim riječima, treba da vidite, čujete i mislite o dobroti, govorite istinu, i samo da idete na dobra mjesta.

Drugo, morate da poreknete i žrtvujete sebe sa duhovnom ljubavlju za Božje kraljevstvo i Njegovu pravednost. Kako bi to učinili, morate da uništite griješnu prirodu sa njenim strastima i željama. Vi ćete moći da odredite šta treba da je prioritet u vašem životu i da uradite ono što ugađa Bogu, kada želite duhovne stvari i niste ograničeni ovim svijetom.

Vi morate iskreno da strijemite da posjedujete vjeru da volite Boga do najvišeg stepena ako već stojite na kamenu vjere. Ako imate vjeru da volite Boga do najvišeg stepena, onda treba brzo da uđete u dimenziju u kojoj možete da ugodite Bogu tako što ćete biti vjerni u cijeloj Njegovoj kući.

Posjedovanje vjere koja ugađa Bogu se može uporediti sa diplomiranjem na fakultetu ili u školi. Nakon diplomiranja, odlazite u svijet i u mogućnosti ste da primenite ono što ste naučili u školi kako bi postali uspješni u ovom svijetu.

Slično, kada dostignete četvrti nivo vjere, dublje duhovno kraljevstvo će se otvoriti pred vama zato što je duhovno kraljevstvo beskrajno veličanstveno u svojoj dubini, dužini i visini.

Kada uđete u peti nivo vjere, vi počinjete da razumijete Božje duboko i velikodušno srce do neke granice. Vi ćete moći da razumijete koliko ljubavi ima Bog, i koliko je Bog pun ljubavi, milosti, praštanja, ljubaznosti i dobrote. Takođe ćete imati mogućnost da iskusite Njegovu veliku ljubav zato što osjećate da Gospod hoda sa vama i briznućete u plač kad pomislite na Boga.

Zato treba da postanete veoma velikodušan čovjek uz više poslušnosti, požrtvovanosti i ljubavi, znajući da ima velika razlika između četvrtog i petog nivoa vjere u pogledu duhovne ljubavi i požrtvovanja. Ja se takođe nadam da ćete dobiti sve od Boga sa onakvom vjerom koja Njemu ugađa, i da ćete biti dovoljno blagosloveni da pokažete i izvedete čuda i znakove neprestanom molitvom.

Da uživate u svim blagoslovima koje je Bog pripremio za vas, u ime Isusa Hrista ja se molim!

Poglavlje 9

Znakovi prate one koji su vjerovali

„A znaci

onima koji vjeruju biće ovi:

imenom Mojim izgoniće đavole,

govoriće novim jezicima;

uzimaće zmije u ruke,

ako i smrtno šta popiju,

neće im nauditi;

na bolesnike metaće ruke,

i ozdravljaće."

(Jevanđelje po Marku 16:17-18)

UBibliji nalazimo da je Isus učinio mnogo znakova. Znaci su izvedeni uz Božju moć prijeko granica čovjekove sposobnosti. Koji je prvi znak izveo Isus?

To je događaj pretvaranja vode u vino na svadbenom ručku u Kani u Galileji, kao što je opisano u Jevanđelju po Jovanu 2:1-11. Kada je Isus saznao da je nestalo vino, On je rekao slugama da do vrha napune šest kamenih ćupova vodom. Onda su oni nasuli malo i odneli domaćinu, a on, kada je probao vino koje je bilo stvoreno od vode, pohvali vino zbog dobrog ukusa.

Zašto je Isus Sin Božji pretvorio vodu u vino kao prvi znak koji je učinio? Ovaj događaj ima mnogo duhovnih implikacija. Kana u Galileji predstavlja ovozemaljski svijet a svadbeni ručak predstavlja poslijednju priliku na ovom svijetu kad su ljudi mogli da se najedu i opiju, i budu kompletno okruženi bezbožnošću (Jevanđelje po Mateju 24:37-38). Voda se odnosi na Božju Riječ, a vino na dragocjenu krv Isusa Hrista.

Zbog toga, znak promjene vode u vino ukazuje da će Isusova krv sa Njegovog raspeća biti krv koja čovječanstvu daje vječni život. Ljudi su hvalili vino zbog njegovog dobrog ukusa. To znači da se ljudi raduju jer su im grijehovi oprošteni time što su pili Isusovu krv i oni su dobili nadu za Nebo.

Počev od prvog znaka, Isus je pokazao mnogo divnih znakova. Spasio je dijete koje je umiralo; učinio čudo kad je nahranio pet hiljada ljudi sa pet vekni hleba i dvije ribe; istjerao napolje demone; učinio slijepima da vide; i vratio u život Lazara, koji je bio mrtav četri dana.

Šta je, onda, bila krajnja svrha Isusovog izvođenja takvih znakova? Bila je da spasi ljude i da im omogući da imaju vjeru kao što nam je rekao u Jevanđelju po Jovanu 4:48: „*Ako ne vidite znaka i čudesa, ne vjerujete.*" Zato nam čak i danas Bog, koji čak i jednu dušu smatra mnogo vrijednijom nego cio univerzum, pokazuje mnoge znake kroz one ljude sa vjerom koji su spremni da daju svoje živote kako bi spasili ljude.

Sada hajde da detaljno pogledamo različite znake koji prate one sa Bogo-ugodnom vjerom.

1. Odbaciti demone

Biblija vam jasno govori o postojanju demona, iako se danas mnogu ljudi ubjeđuju: „Demon ne postoji." Demon je vrsta zlih duhova koji su protiv Boga. Generalno, on izvodi trik sa ljudima koji služe idolima tako što ih dovodi u iskušenja i nevolje, i navodi te ljude da im još marljivije služe.

Kako bilo, vi treba da ga istjerate i nadvladate ako imate istinsku vjeru, zato što nam Isus govori: „Ovi znaci će pratiti one koji su vjerovali: oni će istjerati demone u Moje ime."

Mi takođe nalazimo u Jevanđelju po Jovanu 1:12: „*A svima koji Ga primiše dade pravo da budu djeca Božja, čak i onima koji vjeruju u ime Njegovo.*" Kako bi to sramotno bilo da se vi kao djeca Božja plašite demona ili da postanete predmet njegovih trikova.

Ponekad, novim vjernicima bez duhovne vjere smetaju demoni kada idu na molitvenu planinu da se mole u samoći. Neki ljudi čak mogu biti opsednuti demonima zato što mole za Božje poklone i moć a ne pokušavaju da se oslobode svoje zlobe.

Zbog toga, kada žele da se popnu na molitvenu planinu, nove vjernike treba da prate duhovne vođe koji mogu da u ime Isusa Hrista istjeraju demone, i oni će moći da se mole bez ikakve smetnje.

Istjerivanje demona u ime Isusa Hrista

Isto je i za svještenike i za crkvene radnike kada posjećuju članove crkve. Oni prvo treba da istjeraju demone kroz razaznavanje duhovnih stvari, i onda će oni koji primaju posjetu biti sposobni da otvore svoja srca, i prime Božju milost i steknu vjeru kroz njihovu poruku. Međutim, posjeta može biti ometena ako posetite nekog člana crkve a da unaprijed ne istjerate neprijatelja Satanu. Član koga posetite možda neće da otvori svoje srce tako da on ili ona neće moći da prime milost i imaju veru. Onaj sa otvorenim duhovnim očima lako razlikuje zle duhove koji ometaju. Neki su potpuno opsednuti demonima, ali u većini slučajeva, ljude u njihovim mislima djelimično kontrolišu demoni.

Oni se ponašaju protiv istine kada Satana djeluje u njihovim mislima zato što oni još uvijek u sebi imaju slabu vjeru ili ostatke griješne prirode kao što je preljuba, krađa, laž, bes, ljubomora i zavist. Ljudska srca mogu da se promjene kada oni čuju poruku koju prenosi svještenik koji ima dovoljnu duhovnu snagu da u ime Isusa Hrista otjera demone.

Ljudi će se pokajati u suzama zato što su oni u srcima duboko dirnuti ili shvataju svoj grijeh dok svještenik prenosi poruku sa snagom koju mu je Bog dao. Takođe će im biti data jaka vjera i snaga da se bore sa grijehovima. Poslije nekoliko mjeseci, oni mogu da primjete koliko su se promjenili u svome karakteru i vjeri. Na ovaj način, moguće im je da čak promene i svoju prirodu u istinu.

U četiri Jevanđelja, vidite da su se mnogi ljudi promjenili u svojoj urođenoj prirodi nakon što su sreli Isusa. Na primjer, iako je apostol Jovan u početku bio toliko ljutit čovjek da su ga nazivali sin groma (Jevanđelje po Marku 3:17), on se promjenio pa su ga, nakon što je sreo Isusa, zvali „apostol ljubavi."

Slično tome, čovjek sa kompletnom vjerom u stanju je da promjeni druge ljude kao što je to Isus činio. On je takođe sposoban da istjera demone u ime Isusa Hrista zato što ima moć da nadvlada neprijatelja Satanu.

Kako istjerati demone

Postoje različiti slučajevi u isterivanju demona. Ponekad, demon odlazi odmah nakon molitve, a u drugim slučajevima neće do ode čak i da se molite sto puta. Ako neko sa vjerom bude opsednut demonom zato što je Bog okrenuo Svoje lice od njega nakon što Ga je on razočarao na neki način, demon u njemu može lako biti otjeran kada on primi molitvu pošto se pokaje u suzama. Ovo je zato što on već ima vjeru i zna Božju Riječ.

U kom slučaju je teško istjerati demone čak i sa mnogo molitvi? To je kad veoma zli demon opsjedne čovjeka koji nema vjeru i ne poznaje istinu. U tom slučaju, nije mu lako da ima vjeru dok je opsjednut demonom zato što je zlo isuviše duboko ukorjenjeno u njemu. Da bi ga oslobodio, neko mora da mu pomogne da dobije vjeru, razumije istinu, pokaje se i sruši zid grijehova.

Takođe, ako roditelji imaju problem sa životom u Hristu, njihovo voljeno dijete može biti opsjednuto demonom. U takvom slučaju, dijete neće biti oslobođeno demona dok se roditelji ne pokaju zbog svojih grijehova, prime spasenje i čvrsto stanu na kamen vjere.

Postoji, takođe, slučaj obuzetosti od strane sila mraka. Možete da vidite nekoga da vodi bolan život u vjeri zato što ima poteškoću da otvori svoje srce, a ovozemaljske misli, sumnja i iscrpljenost ga sprječavaju da sluša poruku čak i kad iskreno pokušava.

Ovakav slučaj može da se desi zato što sile mraka mogu da djeluju na nečiju porodicu ako su njegovi preci lojalno služili idole ili su njegovi roditelji bili vračevi ili idolo-poklonci. Ipak, demon će ga napustiti i on i njegova porodica će biti spašeni kada se on transformiše u dijete svjetla tako što će se revnosno moliti i vrijedno slušati Božju Riječ.

Štaviše, Bog toliko mnogo mrzi idolopoklonstvo da postoji debeli zid grijeha između Boga i idolopoklonika. Kao rezultat, on mora da nastavi borbu sa samim sobom da živi u istini dok ne sruši zid grijeha. On može biti brzo oslobođen u zavisnosti od toga koliko se usrdno moli i mijenja.

Izuzeci u kojima demoni ne odlaze

U kojim slučajevima demoni ne odlaze čak i kad neko

komanduje u ime Isusa Hrista?

Demoni ne odlaze ako je osoba nekad vjerovala u Boga ali je njegova savjest kao vrelim gvožđem spržena nakon što se okrenuo od Gospoda. On čak i da pokuša ne može da se vrati Gospodu zato što je njegova dobra savjest kompletno zamjenjena neistinom.

Zato mi nalazimo u 1. Jovanova Poslanici 5:16: *„Ima grijeh k smrti: Za taj ne govorim da moli."* Drugim riječima, Bog mu ne odgovara čak iako se moli.

Koji je grijeh koji vodi ka smrti? To je bogohuljenje ili huljenje na Svetog Duha. Onome ko počini ovaj grijeh ne može biti oprošteno ni na ovom ni na onom svijetu. Zato, takav čovjek nikad ne može biti spašen čak iako se neprestano moli.

U Jevanđelju po Mateju 12:31, Isus nam kaže da huljenje protiv Duha neće biti oprošteno. Huljenje protiv Duha znači zlim umom ometati rad Svetog Duha, i svojom voljom ga osuđivati i kuditi. Na primjer, bogohuljenje je kada ljudi smatraju crkvu u kojoj se dešavaju Božja djela kao „jeres," dajući lažne izjave i šireći glasine o toj crkvi (Jevanđelje po Marku 3:20-30).

Isus je takođe rekao u Jevanđelju po Mateju 12:32: *„I ako ko reče riječ protiv Sina Čovječijeg, oprostiće mu se; a koji reče riječ protiv Duha Svetog, neće mu se oprostiti ni na ovom svijetu ni na onom."* Opet, u Jevanđelju po Luki 12:10 Isus nas podsjeća: *„I svaki koji reče riječ protiv Sina Čovkečijeg oprostiće mu se, a koji huli na Svetog Duha neće mu se oprostiti."*

Svakom ko govori riječ protiv Sina Čovječjeg, zato što on to radi a ne zna Njega, mogu biti oprošteni grijehovi. Međutim, onome koji huli i kaže riječ protiv Svetog Duha ne može biti oprošteno i otići će na put smrti zato što on ometa Božje djelo i huli na Duha čak iako je već prihvatio Isusa Hrista i primio Svetog Duha. Zato ne treba da činite grijehove huljenja protiv Duha i da govorite riječ protiv Svetog Duha, shvatajući da su ovi grijehovi previše teški da bi obezbjedili oproštaj, a još manje spasenje.

Poslanica Jevrejima 10:26 nam govori da ako čovjek namerno nastavlja da griješi čak i pošto je primo poznanje istine, nema više žrtve za grijehe. On kroz Božju Riječ dobro zna šta je grijeh i ne treba da čini bezbožne stvari.

Ipak, ako znajući i namerno učini grijeh, onda njegova savjest postepeno postaje neosetljiva na grijehove i spržena kao vrelim gvožđem. Na kraju, on će biti ostavljen zato što ne može da primi duh pokajanja.

Šta više, za one koji su jednom bili prosvijetljeni, koji su osetili nebeski dar, postali zajedničari Duha Svetog, i koji su osjetili dobrotu Riječi Božje i moći onog svijeta, duh pokajanja neće biti dat nakon što su „oni otpali" zato što bi to bilo ponovno raspinjanje Sina Božjeg i Njegovo podvrgavanje javnoj nemilosti (Poslanica Jevrejima 6:4-6).

Nijedna mogućnost za pokajanje neće biti data takvim pojedincima koji su primili Svetog Duha, znaju za Raj i Pakao i poznaju Riječ Božju, a ipak, namamljeni svjetovnim, padnu i osramote Božju slavu.

Osim nekih slučajeva navedenih gore, u kojima Bog ne može a da ne okrene glavu, vi možete nadvladati neprijatelja Satanu i đavola. Zbog toga demoni ne mogu ništa drugo nego da budu istjerani kada im naredite u ime Isusa Hrista.

Molite se neprestano dok u potpunosti živite u istini

U kakvoj agoniji će Božji sluga ili radnik biti ako demoni ne nestanu čak iako im on ili ona naredi u ime Isusa Hrista? Dakle, vi prirodno trebate da primite moć da nadvladate i kontrolišete neprijatelja Satanu i đavola. Kako bi izvodili znakove koji prate one koji vjeruju, vi morate da dostignete stanje da udovoljite Bogu ne samo cjelokupnim življenjem u istini sa ljubavlju prema Bogu iz dubina vašeg srca, već i stalnim i revnosnim molitvama.

Ubrzo nakon što sam osnovao crkvu, neki mladi čovjek koji je bio opsjednut epilepsijom došao je iz provincije Gang-won da me upozna nakon što je čuo vijesti o moji službama izlječenja. Mada je on mislio da je bio dobar sluga Božji kao učitelj u nedjeljnoj školi i član hora, on nije pokušavao da se otarasi svojih grijehova nego je zbog svoje velike arogancije nastavio da griješi. Kao rezultat, zli demon ušao je u njegov iskvareni razum i čovjek je silno patio zbog toga.

Djelo izlječenja se manifestvovalo zbog iskrene molitve njegovog oca i njegove posvećenosti sinu. Kada sam razjasnio identitet demona i istjerao ga molitvom, mladi čovjek je pao na leđa u nesvijest, dok mu je pena lošeg mirisa prekrila usta. Mladi čovjek se vratio kući pošto se naoružao Riječju Božjom u mojoj crkvi i postao nova osoba u Hristu. Kasnije sam čuo da je vjerno služio svojoj crkvi i svjedočio o svom izlječenju.

Uz to, u današnje vrijeme mnogo ljudi je oslobođeno od demona ili sila tame van vremena i prostora kroz molitvu sa maramicom na kojoj sam se ja molio.

Jednom prilikom, nekog mladog čovjeka iz Ul-sana, Kjungnam provincija, nekoliko puta su pretukli stariji studenti i drugovi tokom njegove prve godine u srednjoj školi, zato što je odbio da puši cigarete sa njima. Kao rezultat, mladić je silno patio od mržnje, na kraju je bio opsednut demonom, i bio je hospitalizovan u bolnici za mentalno obolele sedam mjeseci. Ipak, on je bio oslobođen demona nakon što je primio molitvu sa maramicom na kojoj sam se ja molio. Povratio je zdravlje i sada je dragocjeni radnik u njegovoj crkvi.

Ovakva djela takođe se događaju i van granica. Na primjer, u Pakistanu je jedan laik patio od zlog duha četiri godine ali ga se oslobodio kroz molitvu sa maramicom, i primio je Svetog Duha i dar da govori stranim jezicima.

2. Govoriti novim jezicima

Drugi znak koji prati one koji vjeruju je govoriti novim jezicima. Šta tačno jeste govoriti novim jezicima?

U 1. Poslanici Korinćanima 14:15 čitamo: „*Moliću se Bogu duhom, a moliću se i umom; hvaliću Boga duhom, a hvaliću i umom.*" Možete vidjeti da se duh razlikuje od uma. Koja je, onda, razlika, između duha i uma?

Postoje dva uma u nečijem srcu: um istine i um neistine. Um istine je duša, bijeli um. Um neistine je tijelo, crni um. Nakon što prihvatite Isusa Hrista, vaše srce je ispunjeno duhom onoliko koliko se molite i odbacite grijehe živjeći po Riječi Božjoj, zato što je neistina iskorjenjena isto toliko.

Na kraju, vaše srce postaje ispunjeno dušom malo po malo, bez ijedne preostale neistine kada ste dostigli četvrti nivo vjere da volite Boga do najvišeg stepena. Šta više, ako imate veru koja ugađa Bogu, vaše srce je potpuno ispunjeno duhom, i ovo se naziva „cijeli duh." U ovoj fazi, vaš um je duh, a duh je vaš um.

Govoriti novim jezicima

Kada se takav duh u vama moli Bogu inspiracijom Svetog Duha, to se naziva „molitva na novim jezicima." Molitva na novim jezicima je razgovor između vas i Boga i zato je krajnje korisno za vaš život u Hristu zato što je neprijatelju Satani nemoguće da to prisluškuje.

Dar govorenja novim jezicima je uopšteno dat Božjem djetetu kada se on ili ona iskreno moli u ispunjenosti Svetim Duhom. Bog želi da da taj dar svakome od Svoje djece.

Kada se revnosno molite na novim jezicima, vi ćete moći da nesvjesno pjevate pjesme na novim jezicima, igrate, ili čak uradite ritmičke pokrete u inspiraciji Svetog Duha. Čak i onaj koji obično nije dobar u pjevanju može da pjeva veoma dobro, a čak i onaj koji je obično loš plesač može da igra bolje od profesionalnih plesača zato što Sveti Duh potpuno upravlja tom osobom.

Šta više, neko može da ima novo duhovno iskustvo kroz govor raznim jezicima ako ide dalje u još dublji nivo. Ovo se naziva „govoriti novim jezicima." Vi ćete moći da govorite novim jezicima odmah kada se molite novim na jezicima na petom nivou vjere.

Dovoljno moćan da istjera neprijatelja Sotonu

Govoriti novim jezicima je toliko moćno da se neprijatelj Sotona plaši toga i odmah odlazi. Pretpostavimo da naiđete na provalnika koji želi da vas ubode nožem. U tom momentu, Bog može da ga natjera da promjeni mišljenje ili da pusti anđela da mu ukoči ruku ako se molite na novim jezicima.

Takođe, ako se osjećate nelagodno ili želite da se molite kad putujete negde, to je zato što Bog prisiljava vaš um kroz Sveti Duh; On već zna da je nesreća pred vama.

Shodno tome, kada se molite u pokornosti djelu Svetog Duha, vi ćete biti u mogućnosti da spriječite neočekivanu katastrofu ili nesreću zato što vas neprijatelj đavo napušta i Bog vas vodi da to izbjegnete.

Zato, kada govorite novim jezicima vi ste zaštićeni i možete da spriječite iskušenja i nevolje u kući, na poslu ili u poslovanju ili bilo gde, a da vas neprijatelj Sotona ili đavo ne ometaju.

3. Uhvatiti zmiju otrovnicu vašim rukama

Treći znak koji prati one koji vjeruju je hvatati zmije njihovim rukama. Na šta, se onda „zmija" odnosi?

Dozvolite nam da pogledamo u Knjigu Postanka 3:14-15:

Tada reče GOSPOD Bog zmiji: „Kad si to učinila, da si prokleta mimo svako živinče i mimo sve zveri poljske; na trbuhu da se vučeš i prah da jedeš do svog veka; i još mećem neprijateljstvo između tebe i žene i između sjemena tvog i sjemena njenog; ono će ti na glavu stajati a ti ćeš ga u petu ujedati."

To je scena u kojoj proklinju zmiju zato što je zavela Evu. Ovde „žena", duhovno se odnosi na Izrael, a „ njeno sjeme" na Isusa Hrista. Dakle, ženino sjeme „[gazi zmijinu] glavu" znači da će Isus Hrist prekinuti vlast smrti neprijatelja Sotone. Reći da će „zmija ujesti njegovu petu" predskazuje Sotonino razapinjanje Isusa.

Takođe je veoma očigledno da se „zmija" odnosi na neprijatelja Sotonu zato što u Otkrovenju Jovanovom: „*I zbačena bi aždaha velika, stara zmija, koja se zove đavo i sotona, koja vara sav vasioni svijet. I zbačena bi na zemlju, i anđeli njeni zbačeni biše s njom.* "

Prema tome, „hvatati zmije" znači da ćete moći da odvojite sektu neprijatelja Sotone i uništite je u ime Isusa Hrista.

Uništiti Sotoninu sinagogu

Mi nailazimo na sljedeće stihove u Knjizi Otkrovenja:

Znam tvoja djela, i nevolju i siromaštvo (ali si bogat), i hule onih koji govore da su Jevreji a nisu, nego sinagoga sotonina (2:9).

Evo dajem one iz zbornice sotonine koji govore da su Jevreji i nisu, nego lažu; evo ću ih učiniti da dođu i da se poklone pred nogama tvojim, i da poznadu da te Ja ljubim (3:9).

Ovde, „Jevreji" kao Božji izabranici duhovno se odnosi na sve one koji vjeruju u Boga. Oni „koji tvrde da su Jevreji" se odnosi na ljude koji ometaju Božje djelo, osuđuju i kleveću ga po osnovu toga da se Božje djelo ne slaže sa njihovim razmišljanjima, i mrze i gunđaju između sebe iz zavisti i ljubomore.

„Sinagoga Sotonina" obuhvata dvojicu ili više ljudi koji se okupljaju i neistinito govore loše o drugima, i prave nevolje u crkvi. Gunjđanje nekoliko ljudi zarazi mnogo ljudi, a onda i sinagoga Sotonina je konačno osnovana.

Naravno, konstruktivne ponude i predlozi moraju biti prihvaćeni za razvoj crkve. Sinagoga sotonina je, međutim, ako se neki članovi crkve bore protiv sluge Božjeg, djele crkvu sa naizgled prihvatljivim razlogom, i formiraju grupu protiv istine.

Iako bi crkve trebalo da budu ispunjene ljubavlju i svjetošću i budu ujedinjene u istini, ima mnogo crkava u kojima se molitva i ljubav hlade, oživljavanje sasvim nestaje, i zbog toga kraljevstvo Božje ne stoji čvrsto, sve to zbog sinagoge Sotonine.

Sinagoga Sotonina, međutim, ne može da pokaže svoju moć kada možete da je razaznate sa Bogougodnom vjerom na petom nivou.

Nikada nije postojala sinagoga Sotonina u mojoj crkvi od kada je ona bila osnovana. U ranim danima mog službovanja, naravno, mogla je da se pojavi kroz neke ljude čije je misli kontrolisao Sotona zato što članovi crkve još nisu bili naoružani istinom.

U svakom momentu, pak, Bog mi je to stavljao do znanja i uništio je kroz poruku. Na ovaj način je bio pobjeđen svaki pokušaj da se oformi sinagoga Sotonina. Danas su članovi moje crkve sposobni da jasno razaznaju istinu od neistine. Oni koji su tajno ušli u crkvu kako bi oformili sinagogu Sotoninu napuštaju je ili se pokaju zato što su u nekima od njih još ostala dobra srca.

Isto tako, sinagoga Sotonina ne može da se oformi kada niko ne djeluje na način koji joj odgovara.

4. Nijedan smrtonosni otrov vas nimalo ne povrijeđuje

Četvrti znak koji prati one koji vjeruju je kada popiju smtonosni otrov, on im neće ni malo škoditi. Šta ovo tačno znači?

U Apostolskim Djelima 28:1-6 ima jedan incident u kome je Apostola Pavla ujela zmija otrovnica na ostrvu Malti. Ostrvljani su očekivali da će on naduti ili brzo pasti mrtav, ali on nije pretrpio nikakve loše poslijedice. Nakon dugog čekanja i pošto su vidjeli da se Pavlu ništa neobično ne događa, ostrvljani su promjenili svoje mišljenje i rekli da je on bog (stih 6). To je bilo zbog toga što je Pavle imao savršenu vjeru tako da čak ni zmijski otrov nije mogao da mu naudi.

Čak iako vas zmija otrovnica ujede

Ljudi sa savršenom vjerom se neće razboleti ili se zaraziti nekom klicom, virusom ili otrovom, čak iako su to konzumirali slučajno, zato što Bog spaljuje taj otrov vatrom Svetog Duha.

Međutim, ako to popiju namjerno oni ne mogu biti zaštićeni, jer to znači da su imali namjeru da testiraju Boga. On ne prihvata da Ga iko testira osim zbog desetka. Ipak, vi možete da konzumirate otrov kroz otrovnu hranu koja je bila namenjena da vam promišljeno naudi.

Čak i više, neki čovjek može dati nekoj ženi piće sa prahom za spavanje u namjeri da je navede na iskušenje, ili da opije nekoga kako bi ga kidnapovao ili ukrao novac od njega. Čak i u ovakvim prilikama, neko sa savršenom vjerom bi bio zaštićen i ne bi bio oštećen zato što bi ovi otrovi bili neutralisani vatrom Svetog Duha.

Vatra Svetog Duha sagori svaki otrov

Pred kraj moje treće godine na teološkom školovanju, osjetio sam oštar bol u stomaku nakon što sam popio piće dok sam se spremao za moj prvi skup preporoda. Osjetio sam olakšanje nakon što sam se molio stavivši ruke na stomak i ispraznio sam creva kroz dijareju. Nisam znao da je sadržalo otrovne materije sve do sljedećeg dana.

Jednom sam ostao da se molim u Jačivonu, Čongčung provincija. Tamo je postojao univerzitet blizu mjesta gde sam boravio i često su se dešavale studentske demonstracije i policija je koristila suzavac kako bi ih suzbila. Čak i kada su ljudi okolo mene imali velikih problema sa disanjem, ja nisam osjetio takve poteškoće.

U prvim danima službovanja, moja porodica je živjela u podrumu crkvene zgrade. U to vrijeme, ljudi u Koreji su koristili brikete za grejanje. Moja porodica je mnogo patila od gasa ugljen-monoksida, naročito za oblačnih dana zbog lošeg provjetravanja. Ipak, otrovni gas meni nikad nije štetio. Sveti Duh odmah rastvara svaki otrovni materijal čak iako uđe u nekoga ko vjerom udovoljava Bogu, pošto Sveti Duh u Njegovoj potpunosti ulazi unutra i kruži u nečijem tijelu.

5. Bolesni su izliječeni kad ih dodirnete vašim rukama

Peti znak koji prate one koji vjeruju je taj da kada stave njihove ruke na bolesne, bolesni su izlječeni. Milošću Božjom, ovaj znak me je pratio čak i prije početka mog službovanja. Nakon osnivanja moje crkve, nebrojeni ljudi su bili izlječeni i slavili su Boga.

Danas, zato što ne mogu da položim ruke na svakog člana moje crkve, za bolesne se molim samo sa propovijedaonice. Međutim, mnogi bolesni ljudi su bili izlječeni a nemoćnima je bilo bolje i ojačali su kroz molitvu.

Uz ovo, tokom godišnje dvo-nedjeljne Službe Preporoda koja je održavana svakog Maja do 2004.god., izlječene su razne bolesti počev od leukemije, paralize pa do raka. Šta više, slijepi su progledali, gluvi su pročuli a hromi su prohodali. Kroz ova nevjerovatna djela Božja, nebrojani ljudi su se sreli sa živim Bogom.

Ali, zašto još uvijek ima ljudi koji ne mogu da dobiju odgovore usred plamtećih djela Svetog Duha, koji sagoreva klice i liječi bolesne i slabe?

Prvo, moramo da zapamtimo da kada neko dobije molitvu bez vjere, on ne može biti izlječen. Uklapa se samo da on ne može da dobije odgovor ako nema vjeru zato što Bog djeluje shodno sa vjerom svakog pojedinca. Drugo, neko ne može biti izlječen, čak iako ima vjeru, kada ima zid grijeha. U ovom slučaju, on može biti izlječen kada primi molitvu samo onda kada se pokaje za svoje grijehove i vrati se Bogu.

Postoji još jedna stvar koju treba da znate. Čak iako neko izlječi bolesnu osobu molitvom, vi ne možete da smatrate da je on dostigao peti nivo vjere. Vi možete da liječite ljude ako imate dar izlječenja čak iako ste u trećem nivou vere.

Šta više, neko u drugom nivou vjere često liječi druge ljude kroz molitvu kada je ispunjen Svetim Duhom, zato što on može da uđe u četvrti ili peti nivo vjere za kratko vrijeme. Pored toga, molitva pravednog čovjeka ili molitva ljubavi je toliko moćna i djelotvorna da Božje djelo može biti manifestovano (Poslanica Jakovljeva 5:16).

U isto vrijeme, postoje granice u takvim slučajevima. Bolesti uzrokovane klicama ili virusima kao što su lakše bolesti, rak i tuberkoloza pluća mogu biti izlječene, ali tako velika djela Božja kao što je omogućavanje da hromi prohodaju ili slijepi da vide ne mogu biti ispunjena.

Čak iako su demoni istjerani molitvom ljubavi ili darom izlječenja, skoro da je vjerovatno da će se demoni uskoro ponovo vratiti. Ipak, kada osoba na petom nivou vjere otjera demone, oni ne mogu da se vrate.

Stoga, za vas se kaže da ste u petom nivou vjere samo onda kada ste sposobni da pokažete ovih pet znakova zajedno. Šta više, vi možete da pokažete još više snažnog autoriteta, moći i darova Svetog Duha ako ste na ovom stepenu.

U sadašnje vrijeme u kome su mnogi ljudi potpuno zaraženi zlobom i grijehom, oni će vjerovatno da imaju vjeru samo onda kada vide više moćnih čuda i znakova od onih iz Isusovog vremena.

Zbog toga Bog želi da Njegova djeca ne samo dostignu duhovnu i potpunu vjeru već takođe da pokažu znakove koji prate one koji vjeruju, tako da mogu da vode nebrojane ljude ka putu spasenja.

Vi bi trebalo da pokušate da primite snagu, autoritet i moć znajući da možete da radite ono što je Isus radio, pa čak i veće stvari od Njegovih djela ako imate Hristovu Bogougodnu vjeru.

Da veoma širite Božje kraljevstvo i što prije postignete Njegovu pravednost sa ovom vrstom vjere i da zauvjek sijate u Raju kao sunce, u ime Isusa Hrista ja se molim!

Poglavlje 10

Različita mjesta boravka na Nebesima i nagrade

,, Da se ne plaši srce vaše;

verujte Boga, i Mene vjerujte.

Mnogi su stanovi u kući Oca mog;

a da nije tako, kazao bih vam;

idem da vam pripravim mjesto.

I kad otidem i pripravim vam mjesto,

opet ću doći, i uzeću vas k Sebi,

da i vi budete, gde sam Ja. "

(Jevanđelje po Jovanu 14:1-3)

Za Olimpijskog sportistu, osvojiti zlatnu medalju mora da je dirljiv momenat. On je mogao da osvoji zlatnu medalju ne slučajno nego nakon dugog vremena brutalnog treniranja da poboljša svoje vještine i uzdrži se od svog hobija ili omiljene hrane. On je mogao da izdrži sav taj naporan trening zato što je imao jaku želju za zlatnom medaljom i zato što je znao da će njegov napor biti dobro nagrađen.

Isto je i sa nama hrišćanima. U duhovnoj trci za nebesko kraljevstvo, mi moramo da se borimo u dobroj borbi vjere, pobjedimo naša tijela, i da ih napravimo robovima kako bi postali dobitnici najveće nagrade. Ljudi na ovom svijetu čine sve napore kako bi dobili svjetovnu nagradu i slavu. Šta, onda, vi treba da radite da dobijete nagradu i slavu u vječnom kraljevstvu Nebeskom?

U Bibliji 1. Korinćanima Poslanici 9:24-25 čitamo: „*Ne znate li da oni što trče na trku, svi trče, a samo jedan dobije nagradu? Tako trčite da dobijete. Svaki pak koji se takmiči u igrama vrši samokontrolu u svim stvarima. Oni dakle da dobiju raspadljiv venac, a mi neraspadljiv.*"

Ovaj pasus nas bodri da vladamo samim sobom u svemu i trčimo bez prestanka, čeznući za slavom u kojoj ćete ubrzo uživati.

Ispitajmo u detaljima kako vi možete da imate slavu carstva Nebeskog, i kako možete dosegnuti bolje mjesto boravka na Nebu.

1. Nebo dostignuto samo vjerom

Postoje mnogi ljudi koji, čak iako imaju počast i moć, bogatstvo i prosperitet i veliko znanje, ne znaju odakle čovjek dolazi, za šta živi, i kuda ide. Oni jednostavno misle da od rođenja, ljudi jedu, piju, idu u školu, rade, stupaju u brak i žive dok se ne vrate u šačicu prašine poslije smrti.

Međutim, Božji ljudi koji su prihvatili Isusa Hrista ne misle na taj način. Oni znaju da je Bog njihov istiniti Otac koji im daje život, zato što vjeruju da je On stvorio prvog čovjeka Adama i omogućio mu nasljednike tako što mu je dao sjeme života. Tako, oni žive da slave Boga bilo da jedu, piju, ili bilo šta rade zato što znaju zašto je Bog stvorio ljude i dozvolio im da žive na ovom svijetu. Oni takođe žive po Božjoj volji zato što znaju da će biti spašeni, otići u nebesko carstvo, i imati vječni život, ili kako će biti kažnjeni u vječnoj vatri Pakla.

Oni koji imaju vjeru su Božja djeca sa Nebeskim pravom građanstva. On želi da oni jasno znaju o carstvu Nebeskom i budu ispunjeni nadom za njihov dom tamo jer što više ljudi jasno zna o Nebeskom carstvu, oni mogu još aktivnije živjeti sa vjerom u ovom životu.

Vi možete dobiti Nebo samo vjerom i stoga će tamo završiti samo oni koji su spašeni vjerom. Čak iako imate ogromnu svotu novca i svu slavu i moć, vi ne možete otići tamo svojom sopstvenom snagom. Samo oni koji steknu pravo Božje djece tako što prihvataju Isusa Hrista i žive po Njegovoj Riječi mogu da odu na Nebo i uživaju vječni život i blagoslove.

Spasenje u vrijeme Starog Zavjeta

Da li ovo znači da oni koji ne znaju ništa o Isusu ne mogu bit spašeni? Ne, to nije slučaj. Kako je vrijeme Starog Zavjeta bilo vrijeme Zakona, ljudi su dobijali spasenje u zavisnosti da li su ili nisu živeli po Zakonu, koji je Riječ Božja. Međutim, u vrijeme Novog Zavjeta nakon što je Jovan Krstitelj došao na ovaj svijet i svjedočio Isusu Hristu, ljudi su spašeni vjerom u Isusa Hrista.

Čak i u naše vrijeme, možda postoje ljudi koji nisu prihvatili Isusa Hrista zato što još uvjek nisu čuli za Njega. Takvim ljudima biće suđeno po njihovoj savjesti (O ovome više saznajte u knjizi *Poruka sa Krsta*). Danas, izgleda da mnogo ljudi krivo tumače Božju volju o spasenju. Oni pogriješno shvataju da mogu biti spašeni samo ako iskazuju vjeru usnama, govoreći: „Ja vjerujem u Isusa Hrista kao mog Spasitelja," zato što im u vrijeme Novog Zavjeta, Bog daje milost spasenja kroz Isusa Hrista. Ovi ljudi misle da oni ne treba da pokušaju da žive po Njegovoj Riječi i da zgriješiti nije zapravo veliki problem, ali to je apsolutno pogriješno.

Šta, onda, to stvarno znači biti spašen po djelima u vrijeme Starog Zavjeta ili biti spašen po vjeri u vrijeme Novog Zavjeta?

Isus nije došao na ovaj svijet da spase one koji ne žive po Riječi Božjoj; On je došao da povede ljude da žive po Riječi Božjoj ne samo po djelima nego takođe i u srcima.

Zato Isus objavljuje u Jevanđelju po Mateju 5:17: „*Ne mislite da sam Ja došao da pokvarim Zakon ili Proroke; Ja nisam došao da pokvarim, nego da ispunim.*" On nas takođe podsjeća da ako iko počini grijeh u svom srcu, za njega se smatra da je već počinio grijeh: „*Čuli ste kako je kazano starima: „Ne čini preljube." A Ja vam kažem da svaki koji pogleda na ženu sa željom, već je učinio preljubu u srcu svom"* (Jevanđelje po Mateju 5:27-28).

Spasenje u vrijeme Novog Zavjeta

U vrijeme Starog Zavjeta, čak iako neko počini preljubu u svom srcu, nije smatrano kao da je zgriješio osim ako je zgriješio na djelu. Samo kad počini preljubu na djelu, on je smatran za griješnika. Kao rezultat, samo kad on počini preljubu na djelu, ljudi su ga kamenovali do smrti (Ponovljeni Zakon 22:21-24). Po istom kalupu, u vrijeme Starog Zavjeta, ako je neko bio veoma bezbožan i zao u svom srcu, i u svom srcu namjeravao da ubije nekog ili da ukrade nešto, ali nije pokazao tu namjeru na djelu, on je mogao da bude spašen zato što nije presuđeno da je kriv za grijeh.

Onda, pogledajmo u 1. Jovanovoj Poslanici 3:15 da bi mogli da razumijemo šta to znači biti spašen vjerom u vrijeme Novog Zavjeta: *„Svaki koji mrzi na brata svog je ubica; i znate da nijedan ubica nema u sebi vječni život."*

U vrijeme Novog Zavjeta, čak i kad čovjek ne griješi u djelima, on ne može biti spašen ako griješi u svom srcu, zato što je to isto kao da je griješio spolja.

Zato, u vrijeme Novog Zavjeta, ako neko ima namjeru da ukrade, on je već lopov; ako neko gleda ženu pohotno, on je već preljubnik; i ako neko mrzi svog brata i ima nameru da ga ubije, on nije ništa bolji nego ubica. Znajući ovo jasno, vi morate primiti spasenje pokazujući Bogu vašu vjeru u djelima bez da griješite u vašim srcima.

Odbacite djela i želje griješne prirode

U Bibliji, često možete naći izraze kao što je „griješna priroda," „meso," „stvari od mesa," „djela mesa," „griješno tijelo," i tako dalje. Veoma teško je, ipak, naći nekoga ko zna istinsko značenje ovih izraza čak i među vjernicima.

Saglasno riječniku, ne postoji razlika u značenju između „mesa" i „tijela," ali po Bibliji oni imaju drukčije duhovno značenje. Da bi shvatili duhovno značenje ovih izraza, vi prvo morate da znate proces kroz koji je grijeh došao u čovjeka.

Prvi čovjek kao živi duh, bio je duhovna osoba bez imalo neistine zato što ga je Bog naučio samo znanju života. Smrt je došla nad njim kada je, zato što nije mislio na Božju zapovjest, počinio grijeh neposlušnosti tako što je uzeo voće sa drveta spoznaje dobra i zla (Poslanica Rimljanima 6:23).

Kako je duh, koji je igrao ulogu njegovog gospodara, umro, Adam više nije mogao da komunicira sa Bogom. Pored toga, on kao biće je morao da se plaši Stvoritelja Boga i izvrši Njegovu zapovjest, ali on nije mogao da sprovede čak ni ovu dužnost čovjeka. Istjeran je iz Rajskog Vrta i morao je da živi na ovom svijetu, prolazi kroz suze, nesreće, patnje, bolesti i smrt. On i njegovi potomci počeli su da čine grijehove kako su postepeno postajali bezbožni iz generacije u generaciju.

U ovom procesu kvarenja grijehom, kada je znanje života koje je prvobitno dao Bog oduzeto od čovjeka, mi to stanje zovemo „tijelo," a kada se griješne karakteristike kombinuju sa ovim „tijelom," mi to zovemo „meso."

Zbog toga, „meso" je opšti izraz koji se odnosi na nevidljive ali skrivene karakteristike u nečijem srcu, koje su sposobne da se razviju u djela čak iako ih čovjek ne izvodi. Šta više, kad podjelimo i kategorizujemo meso na detaljne karakteristike, mi ih zovemo „žudnje mesa."

Na primjer, takve karakteristike kao što su zavist, ljubomora i mržnja su nevidljive ali se mogu prikazati na djelu u svakom momentu sve dok borave u vašem srcu. Zato Bog i njih smatra grijehovima.

Ovako, ako se vi ne oslobodite ovih žudnji mesa, oni se otkrivaju na djelu, a kad se ove žudnje mesa otkriju na djelu, mi ih zovemo „djela mesa." U protivnom, kad se stave zajedno djetaljna djela griješne priroda se zovu „meso."

Drugim riječina, kad do detalja podjelimo meso u djela, mi ih zovemo „djela mesa." Ako imate neku nameru da tučete nekog, ovakvo srce pripada „žudnjama mesa," a ako vi stvarno prebijete tu osobu, to je „djelo mesa."

Koje je duhovno značenje „mesa" kao što je definisano u Postanku 6:3?

Onda GOSPOD reče: „Moj Duh se neće nositi sa čovjekom zauvjek, zato što je i on isto meso."

Ovaj stih nas podsjeća da Bog ne želi da bude zauvjek sa ljudima koji ne žive po Njegovoj Riječi nego čine grijehove i postaju „meso."

Biblija nam, ipak, kaže da je Bog uvijek bio sa duhovnim ljudima kao što je Avram, Mojsije, Ilija, Noe i Danilo, koji su tražili samo istinu i živjeli po Božjoj Riječi. Zbog toga, znajući da ljudi od krvi i mesa koji ne žive po Riječi Božjoj ne mogu biti spašeni, vi morate da težite da brzo odbacite ne samo djela mesa nego i žudnje mesa.

Čovjek od mesa neće naslediti kraljevstvo Božje

Pošto je Bog ljubav, onima koji shvate da su griješnici, pokaju se za svoje grijehe i prihvate Isusa Hrista kao svog Spasitelja, On daje pravo da postanu Njegova djeca i daje im Svetog Duha kao dar. Kada vi kao dar dobijete Svetog Duha i rodite duh od Svetog Duha, vaš mrtvi duh je oživljen.

Tako, vi ste sposobni da primite spasenje i imate vječni život jer niste više čovjek od mesa nego čovjek od duha. Međutim, ako nastavite da ostvarujete žudnje mesa, vi nećete biti spašeni jer Bog neće biti sa vama.

Djela mesa su do djetalja opisana u Poslanici Galaćanima 5:19-21:

A poznata su djela mesa, koja su: preljubočinstvo, kurvarstvo, nečistota, besramnost, idolopoklonstvo, čaranja, neprijateljstva, svađe, pakosti, srdnje, prkosi, raspre, sablazni, jeresi, zavisti, ubistva, pijanstva, žderanja, i ostala ovakva za koja vam naprijed kazujem kao što i kazah naprijed, da oni koji tako čine neće naslijediti carstvo Božije.

Isus nam takođe se govori u Jevanđelju po Mateju 7:21: *„Neće svaki koji Mi govori: „Gospode! Gospode!" ući u carstvo nebesko; no koji čini po volji Oca Mog koji je na Nebesima."* Štaviše, tako što nam opet i opet Biblija govori da oni nepravedni koji ne žive po Njegovoj volji nego čine djela mesa ne mogu da odu na Nebo, Bog želi da svi samo vjerom dobiju spasenje i dostignu Nebo.

Ako vi želite da vjerom dostignete spasenje

U Poslanici Rimljanima 10:9-10 čitamo: *„Jer, ako priznaješ ustima svojim da je Isus Gospod, i vjeruješ u srcu svom da Ga Bog podiže iz mrtvih, bićeš spasen; jer se srcem vjeruje za pravdu, a ustima se priznaje za spasenje."*

Vrsta vjere koju Bog želi je ona gde vi vjerujete srcem i priznate je ustima. Drugim riječima, ako stvarno vjerujete u svom srcu da je Isus postao vaš Spasitelj kada je nakon Svog raspeća trećeg dana vaskrsao, vi ste opravdani time što ste otjerali grijehe i živeli po Božjoj Riječi. Kad svojim ustima priznate, a u isto vrijeme i živite po Njegovoj volji, vi možete biti spašeni zato što je vaše priznanje istina.

Zato u Poslanici Rimljanima 2:13 čitamo: *„Jer pred Bogom nisu pravedni oni koji slušaju Zakon, nego će se oni opravdati koji ga tvore."* Sveto Pismo na takođe kaže u Jakovljevoj poslanici 2:26: *„Jer, kao što je tijelo bez duha mrtvo, tako je i vjera bez dobrih djela mrtva."*

Vi možete da pokažete svoju vjeru svojim djelima samo kada u svome srcu vjerujete u Božju Riječ, a ne kada je kao djelić znanja skladištite. Kada je znanje usađeno u vašem srcu, djela će pratiti.

Zato, ako ste vi prije mrzeli, možete biti transformisani u onog koji voli druge. Ako ste bili lopov, vi možete biti transformisani u onog koji više ne krade. Ako i dalje živite u tami sa ljubavlju za ovim svijetom i samo svojim usnama priznate vjeru, vaša vjera je mrtva zato što nema nikakve veze sa spasenjem.

Napisano je, takođe, u 1. Jovanovoj Poslanici 1:7: „*Ako li u videlu hodimo, kao što je On sam u videlu, imamo zajednicu jedan s drugim, i krv Isusa Hrista, Sina Njegovog, očišćava nas od svakog grijeha.*"

Međutim, kad je istina u vama, vi prirodno hodate u svjetlu zato što živite po istini. Postajete pravedni, na osnovu borbe u svom srcu, kako izlazite iz tame i ulazite u svjetlo tako što odbacujete svoje grijehove. Nasuprot tome, vi lažete Boga ako još uvjek živite u tami i činite grijeh i zlo. Zato, vi brzo morate da dosegnete vjeru praćenu djelima.

Vi morate da hodate u svjetlu

Bog nam zapovjeda da se borimo protiv grijeha do tačke prolivanja naše krvi (Poslanica Jevrejima 12:4) zato što On želi da budemo savršeni kao što je i On savršen (Jevanđelje po Mateju 5:48) i sveti kao što je i On svet (1. Petrova Poslanica 1:16).

U vrijeme Starog Zavjeta, ljudi su bili spašeni samo ako su njihova djela bila savršena; oni nisu morali da odbace grijehove iz srca zato što je ljudima nemoguće da se kao ljudska bića svojom snagom oslobode svojih grijehova.

Da možete da sami otjerate grijehove, Isus ne bi morao da dođe u tijelu. Međutim, zato što ne možete da riješite problem greha niti biti spašeni samo svojim mogućnostima i snagom, Isus je bio raspet, i On daje Sveti Duh kao dar svakome ko veruje i vodi ga ka spasenju.

Na ovaj način, vi možete otjerati svako zlo uz pomoć Svetog Duha i sudjelujete u božanskoj prirodi zato što vam Sveti Duh, kad dođe u vaše srce, daje svijest o grijehu, pravičnosti i rasuđivanju.

Zbog toga, vi ne treba da budete zadovoljni samo time da prihvatate Isusa Hrista, nego i da se neprestano molite, otjerate sve vrste zla i hodate u svjetlu uz pomoć Svetog Duha sve dok ne budete sposobni da sudjelujete u božanskoj prirodi.

Jedini način da posjedujete Nebesa je da imate duhovnu vjeru praćenu djelima, kao što nalazimo u Jevanđelju po Mateju 7:21: *„Neće svaki koji Mi govori: „Gospode, Gospode,“ ući u carstvo Nebesko; no koji čini po volji Oca Mog koji je na Nebesima.“* Vi takođe morate da ulažete sve napore sve dok ne dostignete mjeru očeve vjere zbog toga što se mjesto boravka na Nebu određuje na osnovu mjere vjere svakog ponaosob.

Ja se nadam da ćete vi sudjelovati u božanskoj prirodi i posjedovati Novi Jerusalim u kome je smješten Božji prijesto.

2. Nebo je propatilo nasilje

Bog dozvoljava da požnjemo što smo posijali i nagrađuje nas onako kako radimo zato što je pravedan. Isto tako je čak i na Nebu, svakoj osobi kao nagrada dodjeljeno različito mjesto boravka u skladu sa njegovom mjerom vjere i različita nagrada je data svakoj osobi onoliko koliko služi i posvjećuje sebe za Božje carstvo. Bog, koji je ne štedeći čak žrtvovao Svog jednog i jedinog Sina da nama podari Nebesa i vječni život, nestrpljivo čeka da Njegova djeca uđu i žive vječno sa Njim na najboljem mjestu boravišta na Nebu, Novom Jerusalimu.

Kroz istoriju svijeta, neka jaka nacija je generalno vodila rat protiv relativno slabije nacije, i širila svoju teritoriju. Da osvoji teritoriju druge nacije, jedna nacija je morala da napadne drugu naciju i porazi je u ratu.

Na isti način, ako ste Božja djeca sa pravom boravka na Nebu, vi morate da napredujete prema Nebu sa žarkom nadom, zato što vrlo dobro znate o tome. Neki se možda čude kako se usuđujemo da napredujemo prema Raju, koji je kraljevstvo svemogućeg Boga. Zato moramo prvo da razumijemo duhovno značenje „Nebo je pretrpelo nasilje" i tek onda kako da ga u stvari silom uzmemo.

Od vremena Jovana Krstitelja

Isus nam govori u Jevanđelju po Mateju 11:12: „*A od vremena Jovana Krstitelja do sad carstvo nebesko na silu se uzima, i siledžije dobijaju ga.*" Vrijeme prije Jovana Krstitelja se odnosi na dane Zakona, tokom kojih su ljudi bivali spašeni kroz njihova djela.

Stari Zavjet je sijenka Novog Zavjeta, proroci su dali ljudima da znaju o Jehovi i prorokovali su o Mesiji. Međutim, od vremena Jovana Krstitelja, nova epoha Novog Zavjeta, naime Novo Obećanje, je otvorena a završila se sa proročanstvima Starog Zavjeta.

Naš Spasitelj Isus pojavio se na pozornici istorije ljudskog čovječanstva ne kao sijenka već kao samo Biće Lično. Jovan Krstitelj počeo je da svjedoči o Isusu koji je došao na ovaj način. Od tada, počela je era milosti u kojoj je svako mogao da dobije spasenje prihvatanjem Isusa kao svog Spasitelja a onda i primanjem Svetog Duha.

Svako ko prihvati Isusa Hrista i vjeruje u Njegovo ime dobija pravo da postane Božje dijete i uđe u Raj. Bog je, međutim, razdvojio Raj na nekoliko mjesta boravka i dozvoljava da svako od Njegove djece ima to mjesto shodno sa njegovom ili njenom mjerom vjere, zato što je Bog pravedan i uzvraća svakom pojedincu onako kako su on ili ona uradili. Šta više, samo oni koji su bili potpuno posvijećeni time što su živjeli po Riječi, i kompletno su ispunili svoju misiju mogu da uđu u Novi Jerusalim u kome je Božji tron.

Prema tome, vi bi trebalo da budete nasilnik pa da polažete pravo na bolje mjesto boravka u Raju zato što ćete otići na drugo mjesto boravka shodno sa vašom mjerom vjere, čak iako se sam ulazak u Raj dobija verom.

Od vremena Jovana Krstitelja do Drugog dolaska Gospodnjeg u vazduhu, svako ko se uzdigne ka Raju će imati pravo na njega. Isus nam govori u Jevanđelju po Jovanu 14:6: *„Ja sam put i istina i život; niko neće doći k Ocu do kroza Me. "*

Gospod nam govori da niko ne dolazi do Oca osim kroz Njega zato što je On put koji vodi do Raja, sama istina i život. Iz ovog razloga, On je došao na ovaj svijet, svjedočio Bogu kako bi mi mogli da jasno razumijemo Boga i učio nas o Sebi, kako da stignemo u Raj dajući nam lični primjer.

Raj je podijeljen na različita boravišna mjesta

Raj je Božje kraljevstvo gde će Njegova spašena djeca živjeti vječno. Za razliku od ovog svijeta, to je kraljevstvo mira bez promjena i kvarenja. Ono je ispunjeno radošću i srećom bez bolesti, tuge, bola i smrti zato što tamo nisu neprijatelj Sotona i đavo i grijeh.

Čak iako pokušamo da zamislimo kako Raj izgleda, vi ćete biti potpuno zapanjeni i oduševljeni kada vidite pravu lijepotu i svjetlost Raja. Koliko prelijepo je Svemogući Bog i Tvorac univerzuma napravio Raj gde će Njegova djeca živjeti vječno! Ako pažljivo proučite Bibliju, naći ćete da je Raj podijeljen na više mjesta boravka.

Isus govori u Jevanđelju po Jovanu 14:2: „*Mnogi su stanovi u kući Oca Mog. A da nije tako, kazao bih vam; idem da vam pripravim mjesto.*" Nehemija je takođe spomenuo nekoliko „raja": „*Ti si sam Gospod. Ti si stvorio nebo, nebesa nad nebesima i svu vojsku njihovu, zemlju i sve što je na njoj, mora i sve što je u njima. Ti oživljavaš sve to, i vojska nebeska Tebi se klanja*" (Nehemija 9:6).

U staro vrijeme, ljudi su mislili da ima samo jedan Raj ali u današnje vrijeme sa razvojem nauke, mi znamo da postoje brojni prostori drugačiji od prostora koji možemo da vidimo golim okom. Na naše iznenađenje, Bog je već zapisao ovu činjenicu u Bibliji.

Na primjer, Kralj Solomon je priznao da postoje mnoga nebesa: „*Ali hoće li doista Bog stanovati na zemlji? Eto, nebo i nebesa nad nebesima ne mogu Te obuhvatiti, a kamoli ovaj dom što ga sazidah!*" (1. Knjiga Kraljevima 8:27) Apostol Pavle je priznao u 2. Poslanici Korinćanima 12:2-4 da je ušao u Raj na trećem Nebu, a Otkrivenje Jovanovo 21 opisuje Novi Jerusalim u kome je Božji tron.

Zato vi treba da priznate da se Raj ne sastoji od samo jednog mjesta od boravišta, već mnogih mjesta boravišta. Ja ću razvrstati Nebo na nekoliko mjesta shodno sa mjerom vjere i nazvaću ih Rajem, Prvim Kraljevstvom, Drugim Kraljevstvom, Trećim

Kraljevstvom i Novim Jerusalimom. Raj je za one sa najmanjom vjerom; Prvo Kraljevstvo je za one sa boljom vjerom od onih u Raju; Drugo Kraljevstvo je za one sa boljom vjerom od onih u Prvom Kraljevstvu; Treće Kraljevstvo je za one sa boljom vjerom od onih u Drugom Kraljevstvu. U Trećem Kraljevstvu je Sveti Grad Novi Jerusalim gde je Božji tron.

Nebesko kraljevstvo trpi nasilje od onih koji imaju veru

U Koreji se nalaze ostrva kao što su Ul-lung i Jeju, seoski i planinski predeli, mali i veliki gradovi i područja metropola. U glavnom gradu Seulu je predsjednička palata, Čeong Va Dae (Cheong Wa Dae).

Baš kao što je i nacija podjeljena na više okruga zbog administrativnih pogodnosti i namjena, kraljevstvo Nebesko je takođe podijeljeno na više boravišnih mjesta u skladu sa strogim standardima. Drugim riječima, vaše boravišno mjesto se određuje u granicama po kojima ste živjeli po srcu Božjem.

Bog je zadovoljan kada živite u nadi za Nebom zato što je to dokaz da imate vjeru, i u isto vrijeme, to je prečica za vas da dobijete bitku protiv neprijatelja Sotone i đavola i postanete posvjećeni tako što brzo odbacite vaša tjelesna djela i želje.

Nakon što prihvatite Isusa Hrista počinjete da shvatate da je lako da odbacite tjelesna djela, ali nije lako da odbacite tjelesne želje, osobine grijeha koje su ukorjenjene u vama.

Zbog toga oni koji imaju iskrenu vjeru neprestano pokušavaju da se mole i poste tako da mogu postati sveta djeca Božja time što potpuno odbacuju čak i tjelesne želje.

Kraljevstvo je ispunjeno samo vjerom i svako mjesto boravka

je dodeljeno u skladu sa onim šta je neko učinio zato što je Nebo tamo gde Bog vlada pravdom i ljubavlju. Drugim riječima, mjesto boravka za onog koji je na prvom nivou vjere se razlikuje od mjesta boravka onog koji ima drugi ili treći nivo vjere, i tako dalje. Na što većem nivou vjere se nalazite, u ljepše i glamuroznije mjesto boravka na Nebu ćete ući.

Morate napredovati prema Nebu

Zato, ako ste samo kvalifikovani da uđete u Raj, vi morate da se borite da napredujete ka Prvom kraljevstvu i boljim mjestima boravka na Nebu. Dok napredujete ka Nebu, protiv koga se borite? To je stalna bitka koja se odvija protiv đavola da bi vi mogli da se držite vaše vjere na ovom svijetu i napredujete ka kapijama Neba.

Neprijatelj Sotona i đavo čine svaki napor da vode ljude protiv Boga kako oni ne bi otišli na Nebo; da ih dovode u sumnju tako da ne mogu imati vjeru; i na kraju da ih vode do smrti tako što im dozvoljavaju da počine grijehove. Zbog toga morate pobjediti đavola. Vi ćete ući na bolje mjesto boravka samo onda kada nalikujete Gospodu po borbi protiv grijehova sve do tačke prolivanja vaše krvi.

Pretpostavimo da imamo nekog boksera. On trpi sve vrste teških treninga da postane svjetski šampion. Bokser zna da bi prijeko ovako napornog treninga mogao da postane svjetski šampion i da onda uživa u poštovanju, bogatstvu i uspjehu. Međutim, on mora da prođe kroz bolne treninge i borbu protiv sebe samog sve dok ne osvoji titulu šampiona.

Isto je i sa polaganjem prava na Nebo tako što napredujete ka njemu. Vi treba da bijete bitku da postanete posvjećeni tako što ćete odbaciti svako zlo i ispuniti Bogom dane dužnosti. Morate da dobijete duhovnu bitku da posjedujete Nebo tako što ćete se revnosno moliti čak iako vas neprijatelj Sotona i đavo neprestano ometaju u borbi napredovanja ka nebeskom kraljevstvu.

Jednu stvar treba da znate, a to je da borba protiv đavola u stvari i nije toliko teška. Svako ko ima vjeru je sposoban da pobjedi u borbi protiv neprijatelja Sotone i đavola zato što mu Bog pomaže i vodi ga sa nebeskom vojskom i anđelima, i Svetim Duhom.

Treba da dosegnemo Nebo tako što napredujemo ka njemu i sa vjerom osvojimo pobjedu. Nakon što bokser osvoji titulu šampiona, on mora da strijemi da zadrži titulu. Međutim, borba da uđete na Nebo je radosna i prijatna jer što se više bližite pobjedi, breme vaših grijehova postaje lakše. Kad god pobjedite u borbi vi ste tako zadovoljni, a borba dan za danom postaje lakša zato što se sve odvija dobro po vas, i vi možete da uživate u dobrom zdravlju onoliko koliko vaša duša napreduje.

Pored toga, čak i kad bokser postane svjetski šampion i dobije čast, bogatstvo i uspjeh, sve to nestaje sa njegovom smrću. Ipak, slava i blagoslovi koje dobijate nakon borbe u napredovanju ka Nebu traju zauvjek.

Za šta bi, onda, trebalo da date sve od sebe i borite se? Vi treba da budete mudra osoba koja dobija bolje Nebo nasilnim napredovanjem ka njemu, u težnji ka vječnim a ne zemaljskim stvarima.

Ako želite da vjerom napredujete ka Nebeskom Kraljevstvu

Kada Isus objašnjava Nebesko kraljevstvo, On uči ljude kroz

alegorije koje prikazuju ovozemaljske stvari kako bi ljudi mogli bolje to da razumiju. Jedna od tih je alegorija o sjemenu goruščice.

On je predstavio drugo upoređenje njima, govoreći: „Carstvo je nebesko kao zrno gorušičino koje uzme čovjek i posije na njivi svojoj; koje je istina najmanje od sviju sjemena, ali kad uzraste, veće je od svega povrća, i bude drvo da ptice nebeske dolaze, i sjedaju na njegovim granama" (Jevanđelje po Mateju 13:31-32).

Kada povučete crticu na parčetu papira hemijskom olovkom, vrlo mala mrlja će ostati na njemu. Njegova veličina je mala kao sjeme gorčice. Čak i ovo malo sjeme će porasti u veliko drvo, tako da će ptice iz vazduha doći i sjedeti na granama. Isus koristi ovu priču da pokaže proces rasta vjere; čak iako imate malu vjeru sada, možete je odnegovati u veliku vjeru.

Isus nam u Jevanđelju po Mateju 17:20: *„Jer vam kažem zaista, ako imate vjere koliko zrno gorušičino, reći ćete gori ovoj: „Pređi odavde tamo, i preći će, i ništa neće vam biti nemoguće. "* U odgovoru zahtjeva Njegovih učenika da „širi našu vjeru," Isus odgovara u Jevanđelju po Luki 17:6: *„Kad biste imali vjere koliko zrno gorušičino, i rekli biste ovom dubu: „Iščupaj se i usadi se u more, i poslušao bi vas. "*

Možda se pitate kako možete pomjeriti drvo ili planinu komandom sa vjerom veličine sjemena gorčice. Ipak, čak i najmanje slovo ili majušna crta olovke neće ni pod kakvim uslovima nestati iz Riječi Božje.

Šta je, onda, duhovno značenje ovih stihova? Vama je data vjera mala kao sjeme gorčice kada prihvatite Isusa i primite Sveti

Duh. Ova mala vjera će da isklija i poraste kada je posadite na poljima vašeg srca. Kada izraste i postane velika vjera, vi možete da pomjerite planinu samo ako joj naredite, i takođe manifestujete velika Božja djela kao što je omogućavanje da slijepac progleda, gluv da čuje, mutav progovori i mrtav oživi.

Nije dobro da mislite da nemate nimalo vjere zato što ne možete da pokažete dela Božje moći ili još uvijek imate probleme u vašoj porodici ili u poslu. Vi idete ka putu vječnog života time što idete u crkvu, hvalite i molite se, zato što imate vjeru malu kao sjeme gorčice. Vi jednostavno ne doživljavate moćna djela Božja zato što je mjera vaše vjere još uvijek mala.

Dakle, vaša vjera koja je mala kao sjeme gorčice mora da poraste da postane velika vjera dovoljna da pomjeri planinu. Baš kao kada posadite sjeme grožđa i negujete ga dok klija, cvijeta i daje plod, vaša vjera takođe raste kroz sličan proces.

Morate da imate duhovnu vjeru

Isto je i sa napredovanjem ka nebeskom kraljevstvu. Ne možete da uđete u Novi Jerusalim samo ako kažete: „Da, ja vjerujem." Morate da ga dosegnete korak po korak, počevši od Raja sve dok ne stignete u Novi Jerusalim. Kako bi došli do Novog Jerusalima, morate jasno da znate kako do tamo da stignete. Ako ne poznajete put, vi ne možete da ga dosegnete ili možete naići na zastoj uprkos vašim naporima.

Izraelci koji su izašli iz Egipta gunđali su protiv Mojsija i žalili su zato što nisu imali dovoljno vjere da razdvoje Crveno more. Onda je Mojsije, koji je imao veliku vjeru dovoljnu da pomeri planinu, morao da razdvoji Crveno more na dva djela. Ipak je vjera izraelaca bila u zatišju iako su upravo bili svjedoci razdvajanja Crvenog mora.

Umjesto toga, oni su napravili lik teleta i klanjali su mu se dok je Mojsije postio i molio se na planini Sinaj da dobije Deset Zapovjesti (Izlazak 32). Na ovo se Bog uznemirio i reče Mojsiju: *„Da se raspali gnev moj na njih i da ih istrijebim; ali od tebe ću učiniti narod velik"* (stih 10). Izraelci još nisu imali duhovnu vjeru da se povinuju Bogu čak iako su videli mnogo čuda i znakove koja su se manifestovala kroz Mojsija.

Na kraju, prva generacija Izraelaca u vrijeme Izlaska nije mogla da uđe u zemlju Kanan osim Isusa Navina i Kaleba. Kakva je bila druga generacija od Izlaska sa Isusom Navinom i Kalebom? Čim su svještenici koji su nosili Božji kovčeg stupili u rijeku Jordan pod vođstvom Isusa Navina, voda je prestala da teče i svi Izraelci su mogli da je prođu.

Šta više, slušajući Božju zapovjest, oni su marširali oko grada Jerihona sedam dana i glasno uzviknuli, i onda se jaki Jerihon srušio. Oni su mogli da iskuse veličanstveno djelo Božje moći ne zato što su imali fizičku moć, već zato što su se podredili vođstvu Isusa Navina, koji je imao vjeru da pomeri čak i planinu. Više od toga, do tog vremena Izraelci su takođe dostigli duhovnu vjeru.

Kako je Isus Navin mogao da ima tako veliku i jaku veru? Isus Navin je mogao da nasledi iskustvo i vjeru Mojsijevu sa kojim je zajedno proveo četrdeset godina u divljini. Baš kao što je i Jelisej naslijedio dvostruki dio Ilijinog duha prateći ga do kraja, Isus Navin kao nasljednik Mojsijev, koga je priznao Bog, postao je čovjek velike vjere tako što je služio i povinovao se Mojsiju dok ga je pratio. Kao ishod, on je prikazao moćno djelo tako što je zaustavio čak i sunce i mjesec (Isus Navin 10:12-13).

Isto je tako i sa Izraelcima koji su pratili Isusa Navina. Prva generacija Izlaska, koji su bili stari dvadeset godina ili stariji, patili su četiri decenije i umrli u pustinji. Ipak, njihovi potomci koji su pratili Isusa Navina mogli su da uđu u Hanan zato što su dostigli posjedovanje duhovne vjere kroz razne vrste teškoća i iskušenja.

Vi morate jasno da razumijete duhovnu vjeru. Neki ljudi kažu da su nekad u prošlosti imali toliko dobru vjeru da su bili vjerne sluge u njihovoj crkvi. Ipak, oni kažu da više nisu vjerni zato što je njihova vjera nekako nestala. Njihova tvrdnja nije važeća jer se duhovna vjera nikad ne mijenja. Njihova vjera is prošlosti se promjenila jer to nije bila duhovna vjera nego vjera kao znanje. Da je to stvarno bila duhovna vjera, ona se ne bi promjenila ili izblijedela čak i nakon mnogo vremena.

Pretpostavimo da imamo belu maramicu. Kad vam je pokažem, ja pitam: „Da li vjerujete da je ova maramica bijela?" Vi ćete sigurno reći: „Da." Opet, pretpostavimo da je prošlo deset godina i, dok držim istu maramicu, ja sam vas pitao: „Ovo je bijela maramica. Da li vjerujete?" Kako bi vi odgovorili? Niko nebi bio skeptičan u vezi boje ili rekao da je to crna maramica čak i poslije toliko vremena. Za istu maramica za koju sam vjerovao da je bijela prije deset ili dvadeset godina, ja bih i dalje verovao da je i danas bijela.

Evo još jednog priče. Kada idete na hodočašće u Svetu Zemlju, videćete da prodaju sjeme gorčice zamotano u papir. Jednog dana, neki čovjek je kupio i u polju posijao sjeme gorčice ali ono nije niklo; životne sile u sjemenu su umrle zato što ono nije predugo posijano.

Isto tako, čak i ako ste prihvatili Isusa Hrista, primili Svetog

Duha, i imate vjeru tako malu kao sjeme gorčice, Sveti Duh u vama može izblijedeti ako vi duže vrijeme ne posadite vjeru u polju svog srca. Zato 1. Solunjanima Poslanica 5:19 upozorava: *„Duha ne gasite."* Vaša vjera, čak iako je sada mala kao sjeme gorčice, može postepeno rasti kada je posadite u polju vašeg srca i na djelu pokazujete svoju vjeru. Međutim, ako vi nakon što ste primili Svetog Duha dugo vremena ne živite po Riječi Božjoj, vatra Duha može da se ugasi.

Zgrabiti Nebo duhovnom vjerom

Zbog toga morate živjeti po Božjoj Riječi ako ste prihvatili Isusa Hrista i primili Sveti Duh. U pokoravanju Božjoj Riječi, vi morate da odbacite grijehove, da se molite, slavite, družite se sa braćom i sestrama u Gospodu, širite jevanđelje i volite jedni druge.

Vaša vjera će rasti ako je na ovaj način gajite. Na primjer, dok se družite sa vašom braćom po vjeri, vaša vjera je može da raste, zato što slavite Gospoda tako što dijelite svjedočenja i međusobno u istini razgovarate.

Možete da primjetite da na čovjekovu vjeru utiču oni sa kojima se druži. Ako roditelji imaju dobru vjeru, njihova djeca će najverovatnije imati dobru vjeru. Ako vaš prijatelj ima dobru vjeru, vaša vjera takođe raste zato što ona liči na vjeru od vaših prijatelja.

Sa druge strane, zbog toga što neprijatelj Sotona i đavo pokušavaju da oduzmu vašu vjeru, vi ne trebate samo da se uvijek naoružate Božjom Riječju, nego i da se neprestano molite da dobijete duhovnu bitku tako što ćete uvijek biti radosni i zahvaljivati pod svim okolnostima uz Božju moć i autoritet.

Tada će vaša vjera, koja je mala kao seme gorčice, izrasti u veliko drvo puno lišća i cvjetova, i na kraju će roditi mnogo plodova. Vi će te biti u stanju da slavite Boga tako što će te obilno proizvoditi devet plodova Svetog Duha, plod duhovne ljubavi i plod svjetlosti.

Vi znate koliko farmer mora uložiti napora i imati strpljenja od momenta kad zasadi sjeme do ubiranja plodova. Na isti način, mi ne možemo posjedovati Nebo tako što ćemo jednostavno odlaziti u crkvu. Da bi se to dogodilo mi takođe moramo da strijemimo i da se duhovno borimo.

Kada evangelizujete ljude, možda sretnete neke koji kažu da prvo hoće da zarade mnogo para i uživaju u životu, a da ide u crkvu kasnije kad su malo stariji. Kako su budalasti oni! Vi ne znate šta će biti sutra ili kad će se naš Gospod vrati.

Pored toga, vi ne možete u jednom danu steći vjeru i vjera ne raste za kratko vrijeme. Naravno, možete da imate vjeru kao znanje koliko vam je volja. Međutim, vi ste sposobni da imate Bogom-danu duhovnu vkeru samo kada shvatite Božju Riječ i revnosno živite po njoj.

Farmer ne sije sjeme bilo gdje. On prvo odabere parče obradive zemlje i nađubri je. Onda na tom polju posije sjeme i brine se njemu tako što ga poliva, đubri i tako dalje. Samo su tada biljke sposobne da dobro rastu i on je u stanju da obilno žanje. Isto tako, ako imate vjeru koja je mala kao sjeme gorčice, vi morate da je zasadite i gajite tako da poraste u veliko drvo na kome mnoge ptice dolaze i odmaraju se.

Sa jedne strane, „ptica" u Priči o Sijaču u Jevanđelju po Mateju 13:1-9 stoji za neprijatelja đavola koji jede sjeme Božje Riječi koje je palo uz put.

Sa druge strane, ptice u Jevanđelju po Mateju 13:31-32

predstavljaju ljude: „*Carstvo je Nebesko kao zrno gorčice koje uzme čovjek i posije na njivi svojoj; a ono je najmanje od sviju sjemena, ali kad uzraste, veće je od svega povrća, i bude drvo da ptice nebeske dolaze, i sjedaju na njegovim granama.* "

Baš kao što mnoge ptice sjede i odmaraju se na velikom drvetu, kada vaša vjera poraste do najveće mjere, mnogi ljudi su u mogućnosti da se u vama duhovno odmore zato što vi možete da delite svoju veru i ojačate ih uz Božju milost.

Takođe, što ste posvjećeniji, to više posjedujete duhovnu ljubav i vrlinu. Kao rezultat vi će te prigrliti mnoge ljude i ovo je prečica da silom napredujete ka Nebu.

Isus kaže u Jevanđelju po Mateju 5:5: „*Blagosloveni su krotki, jer će naslediti zemlju.* " Ovaj odlomak vas uči da što više vaša vjera raste i što krotkiji postajete, naslijedićete veće mjesto na Nebesima.

Drugačija slava na Nebu u zavisnosti od nivoa vjere

Apostol Pavle komentariše o našim uskrslim tjelima u 1. Korinćanima Poslanici 15:41: „*Druga je slava suncu, a druga slava mjesecu, i druga slava zvijezdama; jer se zvijezda od zvijezde razlikuje u slavi.* " Svako će na Nebu dobiti drugačiju mjeru slave zato što se Bog svakom odužuje u odnosu na to šta je učinio.

Ovde, „slava sunca" odnosi se na slavu koju će imati oni koji su potpuno posvjećeni i vjerni u cijeloj Božjoj kući. „Slava mjeseca" odnosi se na slavu ljudi koji nemaju sunčev sjaj, a „slava zvijezde" se odnosi na slavu ljudi koji imaju slabiju vjeru nego oni sa slavom mjeseca.

Izraz „jer se zvijezda od zvijezde razlikuje u slavi" znači da baš kao što se svaka zvijezda razlikuje po stepenu svjetlosti, svako od nas će dobiti različite nagrade i nebeske kategorije na Nebu poslije vaskrsnuća, čak iako uđemo u isto mjesto boravka unutar njega.

Na ovaj način, Biblija nam govori da će svako od nas imati različitu slavu kada odemo na Nebo poslije našeg vaskrsnuća. To nas navodi da shvatimo da će naša boravišta i nagrade na nebesima biti različiti saglasno sa tim koliko duhovne vjere mi posjedujemo time što smo otjerali svoje grijehe i koliko smo vjerni carstvu Božjem dok živimo na ovom svijetu.

Međutim, ljudi koji su bezbožni i lenji u odbacivanju svojih grijehova i u vjernosti ličnim dužnostima neće moći da uđu na Nebo, nego će umjesto toga biti izbačeni napolje u tamu (Jevanđelje po Mateju 25). Iz tog razloga, vi morate da sa vjerom silom napredujete ka Nebu.

Kako napredovati prema Nebu

Ljudi na ovom svijetu provode cio svoj život da bi zaradili bogatstva koja ne mogu da imaju vječno. Neki ljudi, stežući kaiš, naporno rade da kupe kuću, dok drugi naporno uče bez dovoljno sna kako bi dobili dobre poslove. Ako ljudi daju sve od sebe da imaju na ovom svijetu bolje živote koji traju veoma kratko, koliko više napora trebamo uložiti za vječni život na Nebu? Razmotrimo u detalje kako da napredujemo ka Nebu?

Prvo, morate se povinovati Božjoj Riječi. On vas podstiče da gradite spasenje svoje sa strahom i drhtanjem (Poslanica Filipljanima 2:12). Neprijatelj sotona i đavo će ugrabiti vašu vjeru kad niste budni. Zbog toga, morate cijeniti Božju Riječ kao

„slađu od meda koji teče iz saća" (Psalm 19:10) i pridržavati se nje. Vi ćete biti spašeni ne kad Isusa zovete: „Gospode, Gospode", nego kada se ponašate u skladu sa voljom Božjom uz pomoć Svetog Duha.

Drugo, vi morate da obučete cio Božji oklop. Da bi bili jaki u Gospodu u Njegovoj ogromnoj moći i zauzmete stav protiv spletki neprijatelja đavola, vi morate da obučete cio Božji oklop. Vaša borba nije protiv krvi i mesa, nego s poglavarima i vlastima, i sa silama ovog mračnog svijeta, s duhovima pakosti u nebeskim carstvima. Zato, samo kad obučete cio Božji oklop, ćete vi biti sposobni da se odbranite kad zli dan dođe i da se održite na nogama se nakon što ste sve učinili (Poslanica Efežanima 6:10-13).

Zato, vi morate čvrsto da stojite opasani kaišem istine oko vašeg struka, sa grudobranom pravednosti na mjestu i sa nogama opremljenim spremnošću koja dolazi iz jevanđelja mira. Kao dodatak svemu tome, podignite štit vjere kojim možete ugasiti sve vatrene strijele nečastivog. Uzmite šlem spasenja i mač Duha, koji je Riječ Božja. I molite se u Duhu u svim prilikama sa svim vrstama molitvi i molbi. Sa time na pameti, budite budni i uvijek nastavljajte da se molite (Poslanica Efežanima 6:14-18). Vaše boravište na Nebu će biti određeno na osnovu toga koliko na sebe stavljate pun oklop Božji i koliko mnogo porazite neprijatelja Satanu i đavola.

Treće, morate uvijek da imate duhovnu ljubav. Sa vjerom, vi ste u stanju da odete na Nebo, a sa nadom za Nebo, u stanju ste da istrajete u istini. Sa snagom ljubavi, vi ste takođe sposobni da budete posvjećeni i vjerni u svim svojim dužnostima.

Šta više, možete da uđete u Novi Jerusalim, najlijepše mjesto na Nebu, kada dostignete savršenu ljubav. Vi morate da dostignete savršenu ljubav da bi boravili u Novom Jerusalimu gde je Bog, jer On je ljubav.

Kao što nam Apostol Pavle govori u 1. Korinćanima Poslanica 13:13: *„A sad ostaje vjera, nada, ljubav, ovo troje; ali je ljubav najveća među njima. "* vi morate da napredujete prema Nebu sa duhovnom ljubavlju. Pored toga, morate da znate da će boravište na Nebu biti određeno u zavisnosti od toga koliko dostignete ljubav.

3. Različita mjesta boravka i nagrade

Ljudi u trodimenzionalnom svijetu ne mogu da znaju o Nebu, koje je dio četvorodimenzionalnog svijeta. Međutim, kao čovjek vjere, vi postajete uzbuđeni i puni radosti čak i na zvuk riječi „Nebo," zato što je nebesko kraljevstvo vaš dom u kome ćete živjeti vječno. Ako do detalja naučite o Nebu, ne samo da će vaša duša napredovati već i vaša vjera će rasti brže zato što postajete puni nade za nebesko kraljevstvo.

Na Nebu ima mnogo mjesta boravka koje je Bog pripremio za Svoju djecu (Knjiga Postanka 10:14, 1. Knjiga Kraljeva 8:27, Jeremija 9:6, Psalmi 148:4, Jevanđelje po Jovanu 14:2). Svako od vas će imati različito mjesto boravka u skladu sa svojom mjerom vjere i zato što je Bog pravedan, On vam daje da žanjete kao što ste i posijali (Galaćanima 6:7) i nagrađuje vas u skladu sa onim šta ste uradili (Jevanđelje po Mateju 16:27, Otkrovenje Jovanovo 2:23).

Kao što sam već napomenuo, Nebesko kraljevstvo je podjeljeno na više različitih mjesta kao što je Raj, Prvo Kraljevstvo, Drugo Kraljevstvo i Treće Kraljevstvo u kome je Novi Jerusalim.

Božji tron je u Novom Jerusalimu, baš kao što je i službeno sjedište predsjednika Koreje, Čeong Va Dae, u glavnom gradu Seula, a službeno sjedište predsjednika Sjedinjenih Država, Bijela Kuća, je u glavnom gradu Vašingtonu (Washington, D.C).

Biblija nam takođe govori o nekoliko vrsta kruna, koje će biti date kao nagrade Božjoj djeci. Među mnogim misijama, dovođenje duša pred Gospoda i izgradnja Njegovog hrama je dostojno najvećih nagrada.

Ima više načina da se duše dovedu do Gospoda. Možete učestvovati u evangelizaciji ljudi, pomoći u naporima davanjem različitih vrsta darova, ili da indirektno evangelizujete ljude tako što ćete svojim različitim talentima vjerno raditi za kraljevstvo Božje. Takvi posredni načini dovođenja duša do Gospoda su takođe važni za širenje kraljevstva Božjeg, baš kao što vam je i svaki dio tijela neophodan.

Ipak, direktno učešće u evangelizaciji ljudi i izgradnji hrama u kome se ljudi okupljaju za Božje službe, zaslužuje najveće nagrade jer ovo odgovara gašenju Isusove žeđi i uzvraćanju za Njegovu krv.

Postoje različiti standardi po kojima zaslužujete krunu Nebesku, i stepen njihove dragocjenosti se razlikuje od jedne krune do druge. Prema kruni svake osobe, vi ćete moći da prepoznate njegovu ili njenu mjeru posvjećivanja, nagradu, i nebesko mjesto boravka, baš kao što su ljudi mogli u vrijeme monarhije da odrede nečiji socijalni status po njegovoj ili njenoj odeći.

Dozvolite nam da se udubimo u odnose mjere vjere, mjesta boravka u Nebeskom kraljevstvu i dodeljenih kruna.

Raj za ljude sa prvim nivoom mjere

Raj je najniže mjesto na Nebu, a ipak je nezamislivo radosno, srećno, lijepo i smireno mjesto u poređenju sa ovim svijetom. Šta više, koliko blaženo mjesto bi bilo uz činjenicu da tamo uopšte nema grijeha! Raj je mnogo bolje mjesto od Rajskog Vrta gde je Bog postavio Adama i Evu nakon što ih je stvorio.

Raj je prelijepo mjesto gdje je Rijeka Života, koja nastaje od Božjeg trona, ulazi unutra nakon što izlazi iz Trećeg Kraljevstva, Drugog Kraljevstva i Prvog Kraljevstva. Na svakoj strani Reke stoji drvo života, koje rađa dvanaest plodova, i daje svoj plod svakog mjeseca (Otkrivenje Jovanovo 22:2).

Raj je za one koji su prihvatili Isusa Hrista ali nemaju djela vjere. To jest, ljudi na prvom nivou vjere koji su jedva primili spasenje i Svetoga Duha, ulaze u Raj. Nijedna kruna ili nagrada im nije data zato što nisu pokazali nikakva djela vjere.

U Jevanđelju po Luki 23:43 nalazimo da je na krstu Isus rekao razbojniku sa jedne Svoje strane: *„Zaista ti kažem danas, bićeš sa Mnom u raju.“* To ne mora bezuslovno da znači da Isus boravi samo u Raju; Isus je svuda na Nebu zato što je On Gospodar Neba. Vi takođe možete da pročitate u Bibliji da je Isus nakon smrti otišao u Gornju Grobnicu, a ne u Raj.

Efežani 4:9 pitaju: *„Sada ovaj izraz, 'On gospodari,' a šta iziđe, šta je, osim da i siđe u najdonja mjesta zemlje?“* Takođe u 1. Petrova Poslanica 3:18-19 nalazimo: *„Jer i Hristos jedanput za grijehe naše postrada, pravednik za nepravednike, da nas privede k Bogu, ubijen, istina, bivši tijelom, no oživevši Duhom; Kojim sišavši propovijeda i duhovima koji su u tamnici.“* Drugim riječima, Isus je otišao u Gornju Grobnicu i tamo propovijedao jevanđelje i ponovo se podigao trećeg dana.

Zato, kada Isus kaže: *„Danas ti ćeš biti sa Mnom u Raju"* znači da je Isus predvidio činjenicu u vjeri da će razbojnik biti spašen i odveden gore u Raj. Razbojnik je jedva primio sramno spasenje i otišao u Raj zato što je on samo prihvatio Isusa neposredno prije smrti, i nije uložio nikakav napor da se bori protiv grijehova ili da ispuni svoju dužnost za kraljevstvo Božje.

Prvo kraljevstvo Nebesko

Kakvo mjesto je Prvo Kraljevstvo Nebesko? Baš kao što postoji velika razlika u načinu života između Raja i ovog svijeta, Prvo Kraljevstvo Nebesko je neuporedivo srećnije i radosnije mjesto od Raja.

Ako bi se sreća onoga koji je otišao u Prvo Kraljevstvo uporedila sa srećom zlatne ribice u akvarijumu, radost onoga koji je ušao u Drugo Kraljevstvo može se uporediti sa radošću kita u prostranom Tihom okeanu. Baš kao što se zlatna ribica iz akvarijuma osjeća najudobnije i srećna je kada je u akvarijumu, onaj koji je otišao u Prvo Kraljevstvo se osjeća zadovoljno zato što je tamo i osjeća pravu sreću.

Sada znate da postoje razlike u mjeri radosti između svakog nebeskog mjesta boravka. Da li možete da zamislite koliko veličanstven život je onaj koji ćete uživati u Novom Jerusalimu gde je Božji tron? On će biti brilijantan, lijep i oduzeće vam dah više od svega što ste ikada zamišljali. Zbog toga morate da marljivo negujete vjeru i nadate se za Novi Jerusalim, a ne da ste zadovoljni što ste dostigli Raj ili Prvo Kraljevstvo.

Ako postanete dijete Božje time što ste prihvatili Isusa Hrista kao vašeg Spasitelja, pomoću Svetog Duha vi uskoro možete da dostignete drugi nivo vjere u kome možete da pokušate da živite po Riječi Božjoj. U ovoj etapi, vi činite napor da održite Njegovu Riječ koliko god da ste je naučili, ali još niste savršeni u načinu življenja po njoj.

Isto je sa bebom ne starijom od godinu dana koja uprkos ponovljenim padovima uzaludno pokušava da stoji. Nakon mnogo vježbi, ona će na kraju da stane, ljulja se u hodu, i uskoro će pokušati da trči. Kako će majci ljupka i neodoljiva biti njena beba ako nastavi da raste na ovaj način?

Isto je i sa etapama vjere. Baš kao što beba pokušava da stoji, hoda i trči zato što je živa, i vjera, zato što isto ima života u sebi, napreduje da dostigne drugi nivo vjere, i onda, treći nivo vjere. Dakle, Bog daje Prvo Kraljevstvo onima koji su u drugom nivou vjere zato što Bog i njih voli.

Večna kruna

Vi ćete dobiti krunu u Prvom Kraljevstvu Nebeskom. Ima više vrsta kruna na Nebu na način na koji je samo Nebo podjeljeno na razna mjesta boravka: vječna kruna, kruna slave, kruna života, zlatna kruna i kruna pravednosti. Od ovih kruna će, onome koji uđe u Prvo Kraljevstvo, biti dodjeljena vječna kruna.

Čitamo u 2. Timotejevoj Poslanici 2:5-6: *„Ako i vojuje, ne dobija vijenac ako pravo ne vojuje. Radin koji se trudi najprije treba da okusi od roda. "* Kao što dobijamo nagradu zbog našeg truda na ovom svijetu, mi ćemo takođe dobiti nagradu kada hodamo uskim putem da dostignemo Nebesa.

Atletičar dobija zlatnu medalju ili lovorov vijenac samo kada se takmiči u skladu sa pravilima i pobjedi. Na isti način, vi ćete moći da dobijete krunu samo ako se takmičite u skladu sa Riječi Božjom dok nasilno napredujete ka Nebesima.

Isus govori: *„Neće svaki koji Mi govori: Gospode! Gospode! Ući u carstvo nebesko; no koji čini po volji Oca Mog koji je na nebesima"* (Jevanđelje po Mateju 7:21). Čak iako neko tvrdi da vjeruje u Boga, ako ignoriše duhovni zakon, Božji zakon, njemu ne može biti data ni jedna kruna zato što ima vjeru samo kao znanje i on je baš kao i atletičar koji se ne takmiči po pravilima.

Međutim, čak iako je vaša vjera slaba, vi ćete biti nagrađeni vječnom krunom sve dok se trudite da se takmičite u trci u skladu sa Božjim pravilima. Vi ćete dobiti vječnu krunu zato što se može smatrati da ste u trci učestvovali i takmičili se u skladu sa pravilima.

Trka nekoga sa vjerom je duhovna borba protiv neprijatelja đavola i grijeha. Prava nagrada za onog koji pobjedi u trci tako što nadvlada neprijatelja đavola je vječna kruna.

Pretpostavimo da posjećujete samo jutarnje službe bogosluženja nedjeljom, a popodne se srećete sa prijateljima. U ovom slučaju, ne možete dobiti čak ni vječnu krunu zato što ste već izgubili bitku protiv neprijatelja Sotone i đavola.

1. Knjiga Korinćanima 9:25 objavljuje da: *„Svaki pak koji se bori od svega se uzdržava. Oni dakle da dobiju raspadljiv vijenac, a mi neraspadljiv. "*

Onako kako striktno trenira svako ko se takmiči i takmiči se u skladu sa pravilima, tako i mi treba da prođemo striktan trening i živimo po Božjoj volji kako bi dostigli Nebesa. Vidjevši da Bog, pamteći njihove napore, priprema krunu koja neće trajati vječno čak i za one koji pokušavaju da žive po Njegovom zakonu na ovom svijetu, mi znamo koliko je obilna ljubav našeg Boga!

Pored toga, za razliku od Raja, nagrade su spremljene za one koji dostignu Prvo Kraljevstvo. Dolične nagrade i slava će biti dati onima koji uđu na ovo mjesto zato što, u ime Gospodnje, oni čine napore za kraljevstvo Božje.

Drugo Kraljevstvo

Drugo Kraljevstvo Nebesko je veći nivo od Prvog Kraljevstva. Ljudi u trećem nivou vjere, koji žive po Riječi Božjoj, mogu da uđu u Drugo Kraljevstvo. U okolini korejanskog glavnog grada Seula, nalaze se sateliti gradovi, a oko tih gradova su predgrađa.

Na isti način, na Nebu, Novi Jerusalim je smješten u sredini Trećeg Kraljevstva a oko Trećeg Kraljevstva su Drugo Kraljevstvo, Prvo Kraljevstvo i Raj. Naravno, ovo ne znači da se svako mjesto boravka na Nebesima prostire na način na koji i gradovi na ovom svijetu.

Sa ograničenim ljudskim znanjem, mi ne možemo da jasno razumijemo divno i misteriozno postavljeno Nebo. Vi morate da pokušate da to razumijete što je više moguće, a ipak ga možda ne shvatite ispravno čak iako pokušavate da ga oslikate vašim mislima i maštom. Nebo možete da razumijete onoliko koliko vaša vjera raste zato što Nebo ne može biti objašnjeno ničim na ovom svijetu.

Kralj Solomon, koji je uživao u dobrom zdravlju, naprijetku, i moći, žalio je u njegovim kasnim godinama: „*„Taština nad taštinama,“ veli propovijednik, „Taština nad taštinama! Sve je taština.“ Kakva je korist čovjeku od svega truda njegovog, kojim se trudi pod suncem?“* (Knjiga Propovijednika 1:2-3)

U Poslanici Jakovljevoj 4:14 takođe nas podsjećaju: *„ Vi koji ne znate šta će biti sutra. Vi ste samo para, koja se zamalo pokaže, a potom nestane. "* Nečije veliko bogatstvo i napredovanje na ovom svijetu traje samo jedno vrijeme i uskoro iščezne.

Upoređen sa vječnim životom, život koji danas živimo je takođe baš kao para koja se pojavi na kratko a onda nestane. Ipak, kruna koju Bog daje je ona vječna koja nikad ne nestaje, i to je toliko dragocjena i vrijedna nagrada da će biti nečiji vječni izvor ponosa.

Onda, koliko će beznačajan nečiji život biti ako ne daje slavu Bogu dok izražava svoju vjeru u Njega! Međutim, ako je neko na trećem nivou vjere, zato što čini sve u iskrenosti, on će često da čuje kako njegove komšije izjavljuju: „Nakon što sam video tebe, i sam moram da počnem da posjećujem crkvu!"

Na ovaj način, on daje slavu Bogu i zbog toga ga Bog nagrađuje sa krunom slave.

Kruna slave

Nailazimo u 1. Petrovoj Poslanici 5:2-4 kako nam Bog naređuje:

Pasite stado Božje, koje vam je predato, i nadgledajte ga, ne silom, nego dragovoljno, i po Bogu, niti za nepravedne dobitke, nego iz dobrog srca; niti kao da vladate narodom; nego bivajte ugledi stadu. I kad se javi poglavar pastirski, primićete vijenac slave koji neće uvenuti.

Ako uđete u treći nivo vjere, vi ćete podsticati aromu Hristovu zato što vaš govor i vladanje se dovoljno mijenjaju da postanu svjetlost i suze svijeta pošto ste odbacili vaše grijehove kroz otpor grijehovima sve do tačke prolivanja krvi. Ako osoba, koja se lako ljutila i koja je ranije govorila protiv drugih, postane blaga i govori samo dobro o drugima, njegove komšije će reći: „On se toliko promjenio od kako je postao Hrišćanin.“ Na ovaj način, Bog će biti slavljen zbog njega.

Zato, besmrtna kruna slave biće data onome koji postane dobar primjer zajednici zato što slavi Njega tako što marljivo odbacuje grijehove i vjeran je svojoj Bogom datoj dužnosti na ovom svijetu. Ono što smo uradili u ime Isusa Hrista i šta smo učinili da ispunimo našu dužnost dok smo odbacivali naše grijehe biće sakupljeno na Nebu kao nagrada.

Slave ovog svijeta će istrunuti, ali sva slava koju dajete Bogu nikada neće nestati, i biće vam uzvraćena kao kruna slave koja nikada neće nestati za navjek.

Ponekad se možda zapitate: „Ta osoba je savršena u svakom pogledu, nalik je stavu Gospodnjem od kako je vjeran Božjem djelu. Ipak, zašto još uvjek ima zla u njemu?“

U ovakvom slučaju, on još nije potpuno posvjećen u borbi protiv njegovih grijehova ali slavi Boga dajući sve od sebe da ispuni svoju dužnost. Zbog toga će dobiti krunu slave koja nikad neće nestati.

Zašto se onda to naziva „krunom slave?“ Većina ljudi dobija nagradu bar jednom ili dva puta tokom života. Što je veća nagrada koju dobijete, time postajete ponosniji i srećniji. Ipak, kada se kasnije osvrnete, počnete da osjećate da je slava ovog svijeta bezvrijedna. To je zato što potvrda zasluge samo postaje ishabani papir, trofej prekriva prašina, a uspomena, nekad toliko snažna, postaje slaba.

Naprotiv, slava koju ćete dobiti na Nebesima nikad se neće promjeniti. Zbog toga nam Isus govori: *„Nego sabirajte sebi blago na nebu, gde ni moljac ni rđa ne kvari, i gde lupeži ne potkopavaju i ne kradu"* (Jevanđelje po Mateju 6:20).

Dakle, „kruna slave," kada je upoređujemo sa krunama ovog svijeta, pokazuje nam da će njena slava i svjetlost zauvjek trajati. Videvši da je čak i kruna na Nebu večna i neće iščeznuti, možete da zamislite koliko bi savršeno sve tamo moglo biti.

Onda, kako će se ljudi u nižem mjestu Nebesa – u Raju ili u Prvom Kraljevstvu – osjećati kada ih neko sa krunom slave posjeti? Na Nebesima, ljudi iz manjeg mjesta boravka obožavaju i dive se iz dubine srca čovjeku sa većom pozicijom, klanjaju mu se, čak i ne podižu oči na način kako se podanici klanja pred kraljem.

Šta više, ljudi ne mrze tu osobu i nisu ljubomorni ili zavidni na njega zato što nema zla na Nebesima. Umjesto toga, oni ga gledaju sa poštovanjem i ljubavlju. Na Nebesima, vi nimalo ne osjećate nelagodnost ili ponos bilo da se klanjate iz poštovanja ili ste poštovani od drugih zato što živite na višem mjestu boravka. Ljudi jednostavno pokazuju svoje poštovanje ili dobrodošlicu drugima sa ljubavlju, uvažavajući jedni druge kao dragocjeno biće.

Treće Kraljevstvo

Treće Kraljevstvo Nebesko je za one koji potpuno žive po Riječi Božjoj i imaju vjeru mučeništva, smatrajući da njihov život ne vrijedi ništa zato što vole najviše Boga. Ljudi na četvrtom nivou vjere su spremni da umru za Gospoda.

Mnogi Hrišćani su bili ubijeni u poslijednjim danima dinastije Čosun (Chosun Dynasty) u Koreji. Tokom tog perioda, bilo je velikog proganjanja i ugnjetavanja Hrišćanstva. Vlada je čak obećala nagrade za one koji ih obavjeste o boravištu Hrišćana. Međutim, misionari Sjedinjenih Država i Evrope nisu se plašili smrti već su još revnosnije širili jevanđelje. Mnogo ljudi je ubijeno dok se jevanđelje nije rascvjetalo kao što to vidimo danas.

Zato, ako hoćete da budete misionar u drugoj zemlji, savetujem vam da imate vjeru mučenika. Mada čovjek može trpjeti poteškoće dok radi kao misionar u tuđoj državi, on će tamo moći da radi radosno i sa zahvalnošću zato što zna da će patnja i bol biti bogato nagrađeni na Nebesima.

Neki možda misle: „Sada živim u državi u kojoj nema proganjanja zato što ovde postoji sloboda vjeroispovjesti. Ali osjećam se užasno jer ne mogu da umrijem za kraljevstvo Božje čak iako imam jaku vjeru da umrijem mučeničkom smrću.“ Ovo, ipak nije taj slučaj. U današnje vrijeme ne morate da umrijete kao mučenik da bi širili jevanđelje kao u vrijeme rane crkve.

Naravno, ako je potrebno, treba da ima mučenika. Ipak, ako možete da uradite više djela za Boga sa vjerom da čak žrtvujete i svoj život, zar On ne bi bio još zadovoljniji vama, čak iako ne umrijete mučeničkom smrću?

Šta više, Bog koji pretražuje vaše srce zna koju vrstu vjere ćete pokazati u životno opasnim situacijama za jevanđelje; On zna dubinu i centar vašeg srca. Možda bi bilo mnogo dragocjenije za vas da živite kao živi mučenik, kao što nam stara poslovica kaže: „Živjeti je mnogo teže nego umrijeti.“

U našem svakodnevnom životu, mi možemo naići na mnoga pitanja života ili smrti koja zahtevaju od nas vjeru mučenika. Na primjer, moliti se i postiti dan i noć je nemoguće bez jake odlučnosti i vjere zato što čovjek posti i moli se da dobije Božji odgovor rizikujući da izgubi sopstveni život. Koje vrste ljudi, onda, mogu da uđu u Treće Kraljevstvo Nebesko? Oni koji su potpuno posvećeni mogu da uđu.

U vrijeme rane crkve, kako je bilo mnogo ljudi koji su bili sposobni da umru za Isusa Hrista, mnogi su mogli da budu kvalifikovani za Treće Kraljevstvo. Međutim, danas, samo ekstremno mali broj ljudi koji su posebno zaslužni time što su odbacili njihove grijehove pred Bogom mogu da uđu u Treće Kraljevstvo jer je ljudska bezbožnost velika na zemlji.

Oni sa vjerom očeva mogu da uđu u Treće Kraljevstvo zato što su odbacili sve grijehove tako što su nadjačali sve vrste nevolja i iskušenja, postali potpuno posvećeni, i bili vjerni sve do tačke smrti. Otuda, Bog ih smatra dragocjenim, dozvoljava anđelima i nebeskoj vojsci da ih čuvaju, i pokriva ih sa oblakom slave.

Kruna života

Koju vrstu krune će ljudi dobiti u Trećem Kraljevstvu? Oni će biti nagrađeni krunom života, baš kao što Isus obećava u Otkrivenju Jovanovom 2:10: *„Budi vjeran do same smrti, i daću ti vijenac života. "*

Ovde, „biti vjeran" ne znači samo da ste vi vjerni vašoj dužnosti u vašoj crkvi. Izuzetno je važno da se odbace sve vrste zla u borbi sa vašim grijehovima sve do tačke prolivanja krvi bez nagodbe sa svijetom. Kada dostignete čisto i sveto srce borbom protiv grijehova sve do tačke prolivanja krvi, vi ćete dobiti krunu života.

Takođe, kruna života biće vam data kada položite svoj život

za vaše komšije i prijatelje i kada istrajete u iskušenjima nakon što se oduprete testu (Jevanđelje po Jovanu 15:13, Jakovljeva Poslanica 1:12).

Na primjer, kada se ljudi sretnu sa iskušenjima, mnogi od njih nerado istraju bez zahvalnog srca, postaju ljuti bez strpljenja ili se žale Bogu.

Naprotiv, ako neko može da prevaziđe svaku vrstu iskušenja sa radošću, on može biti smatran potpuno posvećenim. Onaj koji voli Boga veoma mnogo može biti vjeran sve do tačke smrti i može da prevaziđe svaki vrstu iskušenja sa radošću.

Pored toga, postoje velike razlike u kvalitetu ljudskih života u zavisnosti da li su oni na prvom, drugom, trećem, ili četvrtom nivou vjere. Oni zli ne mogu čak ni da ugroze osobu u četvrtom nivou vjere. Čak i kad ga neka određena bolest napadne, on će je odmah biti svjestan.

Tako, on polaže svoje ruke na bolesni dio njegovog tijela, i onda ona uskoro nestaje. Šta više, ako je osoba na petom nivou vjere, nijedna bolest ne može da ga uhvati zato što ga svjetlost slave uvijek okružuje.

Božja glavna namera da usavrši ljudska bića na zemlji je da podiže i odgaji iskrenu djecu koja mogu da uđu u Treće Kraljevstvo i nadalje. Svako mjesto boravka na Nebesima je lijepo i srećno za život, ali Nebesa i najiskrenijem smislu je Treće Kraljevstvo i iznad, gde samo Božja sveta i savršena djeca mogu da uđu i žive. To je područje koje je odvojeno za iskrenu djecu Božju koja su živjela u skladu sa voljom Božjom. Ona tamo mogu da se vide sa Bogom licem u lice.

Šta više, zato što Bog ljubavi želi svakome da uđe u Treće Kraljevstvo Nebesko ili više, On vam pomaže da postanete posvećeni pomoću Svetog Duha dajući vam Njegovu milost i moć kada se revnosno molite i čujete Riječ života.

Poslovice 17:3 nam govore: *„Topionica je za srebro i peć za zlato, a srca iskušava GOSPOD. "* Bog pročišćava svakog od nas kako bi nas načinio Svojom iskrenom djecom.

Ja se nadam da ćete brzo postati posvećeni tako što ćete se otarasiti vaših grijehova u borbi protiv njih sve do tačke prolivanja vaše krvi, i posjedovati savršenu vjeru koju Bog želi da imamo.

Novi Jerusalim

Što više znate o Nebesima, to su vam misterioznija. Novi Jerusalim je najljepše mjesto na Nebesima i udomljava Božji tron. Neki možda ne shvataju ili misle da će sve spašene duše živjeti u Novom Jerusalimu, ili da kompletna Nebesa jesu Novi Jerusalim.

Međutim, to nije slučaj. U Otkrovenju Jovanovom 21:16-17, veličina grada Novog Jerusalima je zapisana: širina, dužina, i visina, svaka je duga po oko 1.400 milja (ili oko 2.200 kilometara). Njegov obim je oko 5.600 milja (9.000 kilometra). To je površina malo manja od kineskog Zabranjenog grada.

Nebesa mogu biti pretrpana sa spašenim dušama da je Novi Jerusalim sve što su Nebesa. Međutim, kraljevstvo Nebesko je nezamislivo prostrano, a Novi Jerusalim je samo dio njega.

Ko je, onda, kvalifikovan da uđe u Novi Jerusalim?

Blago onome koji tvori zapovesti Njegove, da im bude vlast na drvo života, i da uđu na vrata u grad (Otkrivenje Jovanovo 22:14).

Ovde, „haljine" se odnosi na vaše srce i djelo, a „da pere haljine" znači da se dobrim ponašanjem spremate da postanete nevesta Isusa Hrista pošto nastavite da čistite vaše srce.

„Da im bude vlast na drvo života," označava da ćete biti spašeni vjerom i otići ćete na Nebesa. „Da uđu na vrata u grad" znači da ćete vi proći kapije od perli Novog Jerusalima nakon što prođete kapiju svakog Nebeskog kraljevstva shodno sa rastom vaše vjere. To znači da prema obimu vaše posvećenosti možete da dođete bliže Svetom Gradu gde je Božji tron.

Dakle, vi možete da uđete u Novi Jerusalim samo ako ste u petom nivou vjere u kome ugađate Bogu time što ste potpuno posvećeni i vjerni svim vašim dužnostima. Vjera da udovoljite Bogu je ona vrsta koja je dovoljna pouzdana da dirne Božje srce i omogući Mu da vas pita: „Šta mogu učiniti za tebe?" čak i prije nego što ga pitate za bilo šta. To je savršena duhovna vjera, vjera Isusa Hrista koji se na svaki način ponašao prema Božjem srcu.

Isus je bio po samoj prirodi Bog ali On nije smatrao svoju jednakost sa Bogom kao nešto što treba zgrabiti. On je od Sebe napravio ništa i prihvatio pravu prirodu sluge. On je sebe ponizio i postao poslušan do smrti (Poslanica Filipljanima 2:6-8).

Zato Ga je Bog uzdigao do najvišeg mjesta i dao mu je ime nad svim imenima (Poslanica Filipljanima 2:9), slavu da sjedi sa desne strane Božje, vlast da bude Kralj nad kraljevima, i Gospodar nad gospodarima.

Stoga, kako bi ušli u Novi Jerusalim, vi bi trebalo da se povinujete do tačke smrti kao Isus, ako je to volja Božja. Neki od vas se mogu pitati: „Izgleda da je biti poslušan do smrti van mojih sposobnosti. Da li sam sposoban da dođem do petog nivoa vjere?"

Zaista, ova priznanja dolaze zbog vaše slabe vjere. Nakon što saznate o Novom Jerusalimu, niko od vas neće izreći takvo priznanje, pošto postajete puni nade za vječni život na tako lijepom mjestu.

Pošto kratko opišem karakteristike i slavu Novog Jerusalima, pustite mašti na volju i uživajte u blaženstvu i prekrasnim prizorima Svetog Grada.

lijepota Novog Jerusalima

Baš kao što se i nevesta najlijepše i najelegantnije sprema da upozna svog mladoženju, Bog priprema i ukrašava Novi Jerusalim na najlijepši način. Biblija to opisuje u Otkrivenju Jovanovom 21:10-11:

I odvede me u duhu na goru veliku i visoku, i pokaza mi grad veliki, sveti Jerusalim, gde silazi s neba od Boga, i imaše slavu Božiju. I svjetlost njegova bješe kao dragi kamen, kao kamen jaspis svjetli.

Uz to, zid je napravljen od jaspisa i zid grada ima dvanaest temeljaca. Dvanaest kapija je napravljeno od dvanaest bisera, svaka kapija od jednog jedinog bisera, a velika ulica grada je od čistog zlata, kao providno staklo (Otkrovenje Jovanovo 21:11-21).

Zašto je Bog do detalja opisao ulicu i zid među drugim ogromnim i prelijepim građevinama grada? Na ovom svetu, čisto zlato je ono što ljudi cijene kao najdragocjenije i žele da imaju. Ljudi biraju zlato zato što je ne samo dragocjeno već nikad ne gubi svoju vrijednost čak iako vrijeme prolazi.

Međutim, u Novom Jerusalimu, čak i ulica po kojoj ljudi hodaju je napravljena od zlata, a gradski zid je napravljen od raznih dragulja. Da li možete da zamislite koliko će prelijepe biti druge konstrukcije unutar gradskih zidova? Zato Bog ovako opisuje put i gradski zid.

Takođe, gradu ne trebaju da sijaju sunce ili lampe, zato što mu svjetlost Božja daje svjetlo i tamo nikada neće biti noći. Tamo je i Rijeka Vode Života, čista kao kristal, koja izvire iz trona Božjeg i jagnjeta sve do dole do sredine velike gradske ulice.

Sa obe strane Rijeke su zlatne i srebrne pješčane plaže i drvo života, koje rađa dvanaest plodova, i daje svoj plod svakog mjeseca. Ljudi šetaju po baštama koje je Bog ukrasio različitim drvećem i cvijećem. Sve u gradu je ispunjeno radošću i mirom zbog brilijantnog svjetla i ljubavi našega Gospoda Isusa Hrista, a niti jedno od njih ne može biti adekvatno opisano riječima ovog svijeta.

Od samog pogleda na ove briljantne i nevjerovatne scene tamo, vi ćete biti ushićeni; palate napravljene od zlata i dragulja, i providne i čiste zlatne ulice blistavog sjaja. To je svijet van vaših mašte, a njegova slava i uzvišenost nemaju premca.

I grad ne potrebuje ni sunce ni mjesec da svjetle u njemu; jer ga slava Božija prosvjetli, i žižak je njegov Jagnje (Otkrivenje Jovanovo 21:23).

I vidjeh nebo novo i zemlju novu; jer prvo nebo i prva zemlja prođoše, i mora više nema. I ja vidjeh grad sveti, Jerusalim nov, gde silazi od Boga s neba, pripravljen kao nevesta ukrašena mužu svom (Otkrivenje Jovanovo 21:1-2).

Za koga je, onda, tako prelijepi Sveti Grad pripremljen? Bog je spremio Novi Jerusalim, među svim spašenim, za Svoju istinsku djecu koja su sveta i savršena kao On Sam. Zato nas Bog podstiče da budemo potpuno posvećeni, govoreći: *„ Uklanjajte se od svakog zla"* (1. Knjiga Solunjanima 5:22), *„ Vi ćete bit sveti, zato što sam i Ja"* (1. Petrova Poslanica 1:16), i *„ Budite vi dakle savršeni, kao što je savršen Otac vaš nebeski"* (Jevanđelje po Mateju 5:48).

Međutim, mada su ljudi potpuno posvećeni, neki će ući u Novi Jerusalim dok će drugi ostati u Trećem Kraljevstvu Nebeskom zavisno od toga koliko liče na srce Gospodnje i koliko ga djelom dostižu. Ljudi koji uđu u Novi Jerusalim nisu samo posvećeni već Mu takođe i ugađaju tako što proniknu u Njegovo srce i povinuju se sve do tačke smrti, u skladu sa Njegovom voljom.

Pretpostavimo da ima dva sina u porodici. Jednog dana, otac dolazi sa posla i kaže da je žedan. Stariji sin je znao da njegov otac više voli bezalkoholna pića tako da je donio ocu čašu mineralne vode. Uz to, on je izmasirao oca i pomogao mu da se opusti. Suprotno tome, mlađi sin je donio čašu vode i onda se vratio u svoju sobu da uči. Ko od ove dvojice koji poznaju oca dobro, je više ugodio i zadovoljio oca? Naravno stariji sin.

Takođe, postoji razlika između onih koji ulaze u Novi Jerusalim i onih koji ulaze u Treće Kraljevstvo Nebesko u mjeri koliko su ugodili Bogu i koliko su bili vjerni u svemu, razumjevši srce Božje.

Isus razlikuje vjeru petog nivoa kao vjeru koja ugađa Bogu kako bi vam omogućio da razumijete volju Božju još dublje. Bog nam govori da je veoma zadovoljan ljudima koji su posvećeni sa vjerom. Bog govori da ga raduju oni koji žude da spasu ljude kroz širenje jevanđelja. Bog govori da su oni koji su vjerni u širenju Njegovog kraljevstva i pravednosti dražesni Njegovim očima.

Kruna zlata ili pravednost

Zlatna kruna ili kruna pravednosti će biti dodeljena ljudima Novog Jerusalima. Ove krune su najvrijednije Nebesima i nose se samo u posebnim prilikama kao što je velika svetkovina.

Otkrivenje Jovanovo 4:4 nam govori: *„I oko prijestolja behu dvadeset i četiri prijestolja; i na prijestoljima vidjeh dvadeset i četiri starješine gde sjede, obučene u bijele haljine, i imahu krune zlatne na glavama svojim."* Dvadeset četiri starješine su kvalifikovani da sjede oko trona Božjeg. Ovde, „starješine" se ne odnosi na one koji drže pozicije kao starješine u nekoj crkvi, već na ljude koji su priznati kao oni koji slijede Božje srce. Oni su potpuno posvećeni i ispunjavaju i vidljive svetinje i nevidljive svetinje u svojim srcima.

U 1. Knjizi Korinćanima 3:16-17, Bog nam govori da Njegov Duh uzima naše srce kao svetinju. Dakle, On će „uništiti" svakog ko osramoti tu svetinju. Graditi nevidljivu svetinju od srca je postati čovjek duha tako što odbacujete svoje grijehe, a graditi vidljivu svetinju je da potpuno ispunite vašu dužnost na ovom svijetu.

Broj „dvadeset četiri" kod „dvadeset četiri starješine" stoji za sve ljude koji ne samo ulaze kroz kapiju spasenja sa vjerom kao dvanaest plemena Izraela, već su i potpuno posvećeni kao što su dvanaest Isusovih učenika. Pošto ste priznati kao Božje dijete po vjeri, vi postajete jedan od ljudi Izraela, i pored toga moći ćete da uđete u Novi Jerusalim ako ste posvećeni i vjerni kao što su dvanaest Isusovih učenika bili. „Dvadeset četiri starješine" simbolizuju ljude koji su potpuno posvećeni, kompletno vjerni u svojim dužnostima, i priznati od Boga. On ih nagrađuje krunama zlatnim zato što imaju vjeru koja je dragocjena kao čisto zlato.

Šta više, Bog daje krunu pravednosti ljudima koji ne samo da odbacuju grijehe, već i ispunjavaju svoje zadatke na Njegovo zadovoljstvo sa vjerom koja udovoljava Bogu kao što je i Apostol Pavle uradio. Pavle se borio sa mnogim poteškoćama i proganjanjima zbog pravednosti. On je učinio svaki napor i istrajao u svemu u veri da dostigne Božje kraljevstvo i pravednost bez obzira da li jeo ili pio, ili u svemu što je radio; Pavle je slavio Boga i pokazao Njegovu moć gdje god da je išao. Zbog toga je mogao da savjesno prizna: *„Dalje, dakle, meni je pripravljen vijenac pravde, koji će mi dati Gospod u dan onaj, pravedni sudija; ali ne samo meni, nego svima koji se raduju Njegovom dolasku"* (2. Knjiga Timotiju 4:8).

Mi smo ispitali Nebesa, kako možete da napredujete ka njima, i različita mjesta boravka i krune koje se daju kao nagrada shodno sa mjerom vjere svakog pojedinca.

Da postanete mudar Hrišćanin koji teži ne ka prolaznim već ka vječnim stvarima, i u vjeri napreduje ka Nebesima i uživate u vječnoj slavi i sreći u Novom Jerusalimu, u ime našeg Gospoda Isusa Hrista ja se molim!

O autoru:
Dr. Džerok Li (Dr. Jaerock Lee)

Dr. Džerok Li je rođen u Muanu, Džeonam provinciji, Republika Koreja, 1943. god. U svojim dvadesetim, Dr. Li je patio od mnoštva neizlječivih bolesti sedam godina i isčekivao smrt bez nade za oporavak. Jednog dana u proljeće 1974. god, njegova sestra ga je odvela u crkvu i kad je kleknuo da se pomoli, Živi Bog ga je momentalno izliječio od svih bolesti.

Od tog trenutka Dr. Li je sreo Živog Boga kroz to divno iskustvo, on je volio Boga svim svojim srcem i iskrenošću, i 1978. god., je bio pozvan da bude sluga Božji. Molio se vatreno da može jasno da razumije volju Božju, u potpunosti je ispuni i posluša sve Riječi Božje. Godine1982. je osnovao Manmin centralnu crkvu u Seulu, Koreja, i bezbrojna djela Božja, uključujući čudesna iscjeljenja i čuda, se dešavaju u njegovoj crkvi.

U 1986. god. Dr. Li je zaređen za pastora na godišnjem Zasedanju Isusove Sungkjul crkve Koreje, i četiri godine kasnije u 1990.god. njegove propovijedi su počele da se emituju u Australiji, Rusiji, na Filipinima i mnogim drugim zemljama, prijeko Radiodifuzne kompanije Daleki Istok, Azija radiodifuzne kompanije i Vašingtonskog hrišćanskog radio sistema.

Tri godine kasnije, 1993.god., Manmin centralna crkva je izabrana za jednu od „Svjetskih top 50 crkava" od strane magazina *Hrišćanski Svijet (Christian World)* (SAD), a on je primio počasni doktorat bogoslovlja od Koledža hrišćanske vjere, Florida, SAD, i 1996.god. Doktorat iz Službe od Kingsvaj teološke bogoslovije, Ajova, USA.

Od 1993.god., dr. Li je uzeo vođstvo u svjetskoj misiji kroz mnogo inostranih pohoda u Sjedinjenim Američkim Državama, Tanzaniji,

Argentini, Ugandi, Japanu, Pakistanu, Keniji, Filipinima, Hondurasu, Indiji, Rusiji, Njemačkj, Peruu, Demokratskj Republici Kongo, Izraelu i Estoniji. Godine 2002., on je bio nazvan „svjetskim pastorom" od strane glavnih hrišćanskih novina Koreje zbog njegovog rada u prijekomorskim Velikim Ujedinjenim Pohodima, a u 2009.god., je objavio da Isus Hrist jeste Mesija na pohodu koji je predvodio u Izraelu.

Od januar 2017.g., Manmin Centralna Crkva ima zajednicu od prijeko 120 000 članova. Postoji 11 000 domaćih i stranih ogranaka crkve širom planete, uključujući 56 domaćih ogranaka i do sad više od 102 misionara su opunomoćeni u 23 zemlje, uključujući Sjedinjene Države, Rusiju, Njemačku, Kanadu, Japan, Kinu, Francusku, Indiju, Keniju i mnoge druge.

Do datuma ovog izdanja Dr. Li je napisao 106 knjige, uključujući bestselere: *Probanje vječnog života prije smrti, Moj život, moja vjera I i II, Poruka sa krsta, Mjera vjere, Raj I i II, Pakao,* i *Moć Božja.* Njegove knjige su prevedene na više od 76 jezika.

Njegove Hrišćanski rubrike se pojavljuju u *Hankok Ilbo, JongAng dnevniku, Dong-A Ilbo, Chosun Ilbo, Hankyoreh Shinmun, Seul Šinmunu, Kjunghjang Šinmun, Korejski ekonomski dnevnik, Koreja glasnik, Šisa vijesti,* i *Hrišćanskoj štampi.*

Dr. Li je trenutno na čelu mnogih misionarskih organizacija i udruženja uključujući: predsjedavajući, Ujedinjena sveta crkva Isusa Hrista; osnivač i predsednik odbora, Globalna hrišćanska mreža (GCN); osnivač i član odbora, Mreža svijetskih hrišćanskih lekara (WCDN); i osnivač i član odbora, Manmin internacionalna bogoslovija (MIS)

Raj I & II

Detaljna skica predivne životne okoline u kojoj rajski stanovnici uživaju i preljepi opisi različitih nivoa nebeskih kraljevstva.

Poruka sa Krsta

Snažna poruka buđenja za sve ljude koji su duhovno zaspali! U ovoj knjizi ćete naći razlog zašto je Isus jedini Spasitelj i prava ljubav Boga.

Pakao

Iskrena poruka cijelom čovječanstvu od Boga, koji ne želi da ijedna duša padne u dubine Pakla! Otkrićete nikad do sad otkriveni iskaz o okrutnoj stvarnosti Nižeg Groba i Pakla.

Probuđeni Izrael

Zašto Bog upire Svoje oči na Izrael od početka svijeta pa do današnjeg dana? Kakvo Njegovo proviđenje je spremljeno za Izrael u poslijednjim danima, koji očekuje Mesiju?

Moj Život Moja Vjera I & II

Dr. Džeroka Lija autobiografija snabdjeva čitaoce aromatičnim mirisom, kroz njegov život izveden ljubavlju Božjom koji cvijeta u sredini mračnih talasa, hladnog jutra i najdublje beznadežnosti.